삶의 지혜를 찾아서

박내정 지음

BF북스
BARRIER FREE BOOKS

추천의 말

박내정 선생은 내가 만난 모든 지식인 가운데 가장 겸손한 분이고, 그 겸손은 그의 구도 정신에서 나온다고 생각한다. 그는 홍익대학교 화학공학과 교수로 은퇴했지만, 철학 교수들이 주축이 되어 만든 시민단체 〈성숙한 사회 가꾸기〉 강좌에 거의 빠짐없이 참석하여 자기 아들 벌 되는 젊은 교수들의 강의도 매우 진지하게 듣는다. 그는 과학자이면서 철학에 많은 관심을 가지고 있고 특정한 종교를 믿는 신앙인이지만 다른 종교에 대해서 열린 마음을 견지하고 있다. 그는 많은 질문을 하고, 그 질문은 하나같이 진지하다. 한 번도 자기가 이만큼 안다는 것을 과시하는 질문을 들어 본 적이 없다.

이 책에서도 그의 그런 면모가 잘 드러난다. 그는 어떤 창조적인 생각을 제시한다고 주장하지 않는다. 물론 그 주장은 지나치게 겸손한 것이다. 여러 종교의 경전이나 유명한 고전 등에서 명구를 주로 인용하고 있지만, 그 사이 사이 자신의 생각을 피력하였고 그들은 매우 적절하고 유익하다.

이 책이 독자들에게 하는 가장 큰 봉사는 동서양의 종교와 고전의 유명한 명구들을 수집한 것이다. 우리는 여기 저기 우리 삶에 중요한 지침이 되는 명구들을 만나지만, 이 책에서처럼 그 명구들을 많이 모으고 이렇게 잘 정리한 책은 드물 것이다. 얼핏 생각하면 자신의 생각을 써야 작품이지 다른 사람들의 말을 인용한 것이 무슨 가치가 있는가 하고 물어볼 수 있다. 그러나 과연 모든 소위 창작들이 정말 읽을 가치가 있는가? 전 세계적으로 매일 수천 권의 책이 쏟아져 나오지만 그 가운데 정말 우리에게 생명의 양식을 제공할 수 있는 책은 몇 권 되지 않는다. 그리고 소위 창작이란 것이 과연 얼마나 창조적인가? 우리의 의식이란 우리가 받아들이는 정보로 이루어지고 지극히 작은 부분만 우리가 스스로 만들어 낸다. 그러면서 우리는 우리가 아는 것이 모두 나의 생각이라고 착각한다. 그러나 박 교수는 그런 착각을 하지 않고, 그것이 그를 이렇게 겸손하게 만들었다.

수많은 다른 책보다 이 책을 읽음으로써 더 많은 유익을 얻을 것으로 믿어 추천해 마지않는다.

손 봉 호(동덕여대 총장)

머리말

저자는 오랫동안 독서하는 중에 우리가 살아가면서 음미해 볼 만한 이야기라고 생각되는 것들을 스크랩한 것을 하나의 책으로 만들고자 하였다. 이 책을 펴내는 데에 나의 생각을 그대로 잘 표현해 준 영국의 소설가 서머싯 몸의 「서밍 업(Summing Up)」이라는 저서에서 피력한 그의 심경을 여기 인용하고자 한다.

"나는 내가 부딪치는 인생의 어려운 문제들에 대한 확고한 해답을 줄 수 있어서 모든 것에 대해 최종적인 결론을 낼 수 있는 한 권의 책을 찾고자 하였다. 그러면 나는 아무 어려움도 없이 나의 인생을 살아갈 수 있을 것이라고 생각했다. 그래서 나는 고대와 현대에 걸쳐서 많은 철학자들의 책을 읽고 또 읽었다. 그러나 철학에는 모든 사람들이 수긍할 수 있는 보편적인 진리가 있는 것 같지 않았고, 철학자 개인의 개성에 맞는 진리들이 있는 것으로 생각되었다. 그래서 내 개성에 꼭 맞는 철학자의 책을 찾아보았으나 그 역시 나만의 독특한 개성 때문에 그러한 책은 찾을 수가 없었다. 그리고 그 철학 책들은 읽으면 읽을수록 주제는 더 복잡하게 느껴졌고 내가 점점 더 무식하다는 것만을 절감하게 되었다. 철학은 너무 전문적이어서 나 같은 아마추어에게는 철학의 미묘한 개념들을 이해하는 것은 거의 희망이 없었다. 그래서 그러한 생각을 포기하고, 내가 내 나름대로 노력해 볼 수 있는 유일한 일로서 그 동안 모아 적어 둔 노트들을 참고하여 나 나름대로의 책을 쓰기로 하였다.

나는 그것들에 대해서, 또는 그것을 쓸 때 사용하는 단어들마저도 독창성을 주장하지 않는다. 나는 마치 자선심이 많은 농부의 아내로부터 받은 바지, 허수아비에게서 벗긴 코트, 쓰레기통에서 꺼낸 짝이 안 맞는 장화, 길에서 주은 모자로 가능한 한 제일 멋있게 차려입은 부랑자와 같다. 그가 걸친 의장들은 누더기나 찢어진 조각들로 된 것들이지만 그 부랑자는 그것을 꽤 편안하게 걸치고 있으며, 비록 그렇게 잘 어울리지는 않지만 그것이 그에게 잘 맞는다고 느끼고 있다."

공자님과 같은 성현도 그가 동양고전을 정리하고 책을 쓰면서 "내가 쓴 것은 옛날 성현들이 말한 것들을 전하여

기록한 것뿐이요, 내가 창작한 것은 하나도 없다(述而不作).”라고 까지 겸손하게 말씀하였다.

하물며 학문이 미천하고 이러한 종류의 글을 쓰는데 너무나도 부족한 저자의 작품이야! 어느 일정한 주제를 가진 책이라고 보기보다는 어떠한 주제를 중심으로 내가 좋아하는 경구와 이야기들을 단순히 모아 놓은 스크랩북일 뿐이다.

비록 문맥들이 누더기처럼 천방지축으로 나열되어 있긴 하지만 나 나름대로 어떠한 메시지를 전하고자 노력하였다. 이 책의 많은 부분의 내용들이 저자의 오랫동안의 종교생활에서 얻은 지식과 연관하여 보고자 하였고 또 이러한 생활의 지혜들을 세계의 성현들은 각각 어떠한 관점에서 긍정적으로 접근하였는가를 보여주고자 하였다.

나는 그 동안 수집한 자료들에 대해서 가능한 한 그 출처를 밝히고자 노력하였다. 그러나 자료수집 초기에는 그저 흥미 있는 내용이라는 생각만으로 미처 글들의 출처까지를 메모해 놓지 못한 것들이 있다는 것을 밝혀둔다.

박 내 정

차례

❖ 사랑, 자비, 봉사 3

❖ 말 4

❖ 비판, 고발, 용서 5

❖ 정직, 성실, 처세 6

❖ 교육, 인격완성 7

❖ 돈 8

1

행복, 감사, 역경, 희망

❖ 항상 기뻐하고 범사에 감사하라

내가 미국 펜실바니아 대학에서 방문연구교수로 있을 때 막내가 초등학교 1학년에 입학하게 되었다. 그 때 인상 깊게 느낀 것은 그 아이가 학교에 들어간 후 얼마 되지 않아 'Thank you'라는 말을 항상 자주 쓰는 것을 볼 수가 있었다. 엄마가 물을 따라 주어도 Thank you, 무엇을 물어서 답변해 주어도 Thank you, 물건을 건네주어도 Thank you 하였다. 그래서 선진국의 국민들은 학교에서 제일 먼저 가르치는 것이 감사하다는 말부터 가르치는 모양이구나라고 생각한 일이 있었다.

로마의 문인 키케로는 "감사의 말은 최고의 덕일 뿐더러 모든 덕의 어머니이다."라고 하였다. 사람과 사람과의 관계에 있어서 서로 간에 화목하고 좋은 관계를 갖기 위한 방법 중의 하나가 서로에게 감사를 표시하는 것이다.

우리가 세상에서 좋은 인간관계를 가질 때, 세상적

으로 성공하기가 쉽다. 우리가 세상적으로 성공하고 모든 생활이 순조로울 때는 모든 일에 감사하는 것이 어려운 일이 아니다. 그러나 이 세상을 살아가는데 항상 행복하고 즐거울 때만 있는 것이 아니다. 때로는 생활이 피곤하고 짜증스럽고 부담스러울 때도 있다. 때로는 병고에 시달리면서 고통스러울 때도 있으며, 회사나 직장에서 동료들과의 갈등으로 인해 괴로울 때도 있을 것이다. 또 경우에 따라서는 하루아침에 직장을 잃어서 경제적으로 곤궁하여 앞날이 암담하게 느껴지게 될 때도 있을 것이다.

또 어떤 사람들은 이 거칠고 환란 많은 세상을 살아갈 때, 불의의 사고를 당하여 재산을 모두 잃거나, 사랑하는 사람을 잃고 남모르는 슬픔 가운데 마음속으로 피를 흘리면서 사는 이들도 적지 않을 것이다. 이러한 때에 감사한 마음을 갖기란 참 어려운 일이다.

이러할 때 우리는 모든 것에 부정적이 되고, 자기 속으로 침잠하여 고통을 더 크게 만들기가 쉽다. 또는 이러한 상태에서 벗어나기 위해서 발버둥치다 보면, 오히려 마음의 평정을 잃어 판단력이 흐리게 되고, 시도하는 일마다 실패하게 되는 경우도 있다.

역경과 시련은 인생의 한 부분이다. 그것은 다른

때에 다른 형태로 또 다른 정도의 강도로 우리에게 몰아닥친다. 그러나 그것은 우리 모두에게 다 닥치는 것이다. 우리에게 닥쳐온 나쁜 일이 우리에게 해를 끼치지 않도록 잘 극복하는 것이 우리의 큰 과제인 것이다. 우리가 역경을 비극으로 몰아가서는 안 된다.

이러할 때 우리는 이미 잃은 것을 셀 것이 아니라 아직 남아있는 축복을 헤아려보는 것이 현명한 일이다. 기독교 찬송가 중에 다음과 같은 찬송가가 있다.

"세상 모든 풍파 너를 흽쓸어 잃은 것을 생각해 낙심할 때 네가 받은 모든 축복 세어라, 주의 크신 복에 네가 놀라리라.
세상 근심 걱정으로 시달려 십자가가 무겁게 생각될 때 네가 받은 복을 모두 세어라.
다른 사람 재물 네가 볼 때 한량없는 허락 생각하여라.
돈을 주고 살 수 없는 축복과 하늘에서 받을 보수 세어라."

우리가 가지고 있는 재산 중에는 돈으로 따질 수 없는 재산이 많이 있다. 우리가 하늘로부터 받은 축복을 하나씩 세어 내려가다 보면, 얼마 세지 않아 우리가 얼마나 많은 축복을 받았는가에 스스로 놀랄 것이다. 우리가 둘러보면 정말 감사하여야 할 일이 한두 가지가 아니다. 우리의 자녀가 그렇고, 우리의 건강이 그렇고, 우리 주위 사람들로부터의 사랑이 그렇고……. 단지 우리가 그것을 깨닫지 못할 뿐이다.

이 세상에는 육신이 불구인데도 감사하면서 마음의 평안 가운데 살아가는 사람이 있는가 하면, 육신이 모두 성하면서도 불평과 고통 속에서 살아가는 사람이 있으며, 이 세상의 모든 헛된 욕망에 사로잡혀 눈이 멀어 어둠 가운데서 살아가는 사람들이 있다.

성경에 보면 "항상 기뻐하고 범사에 감사하라"고 하였다. 어려움이 없고 평안할 때부터 매사에 감사하는 말을 사용하기 시작해야 한다. 세상적으로 성공하고 경제적으로 풍요로울 때 감사해야 한다. 이 습관이 생활 속에 굳어지고, 수양이 충분히 쌓이게 되면, 역경과 환란 가운데서도 감사할 수 있는 여유를 갖게 되는 것이다.

❖ 내가 불행하다고 느낄 때

사람이 가장 크게 행복을 느끼는 때는 남을 사랑할 때, 남에게 베풀고자 할 때, 감사하는 마음을 가질 때이다.

오랫동안 관절염을 앓고 있는 한 할머니가 있었다. 그 할머니는 계단을 오르내리려면 부축을 받아야만 오르내릴 수가 있었다. 어느 날 그 딸이 "어머님, 여기서 두 블록 정도 떨어진 곳에 맹인 할머니가 한 분 계신다는데 가서 책이나 좀 읽어 주시지요."라고 권하였다.

"애, 내 몸도 아파 죽겠는데 누구를 가서 도와주라고 그러니"하고 짜증을 부렸다.

그러나 딸이 거듭 권하자 마지못해 딸의 부축을 받아 계단을 내려가서 그 할머니 댁으로 갔다. 한 몇 시간이 지난 후에 그 할머니가 돌아왔는데 부축을 받지도 않고 계단을 부르르 올라와서 "애, 오늘 내가 그 맹인에게 굉장히 좋은 일을 했단다."라고 흥분하였다.

이와 같이 우리가 남에게 도움을 줄 때 우리 자신의 고통을 잊어버리고 기쁨으로 충만하게 되는 것이다. 우리는 우리 자신 보다 훨씬 더 어려운 사람들을 대하게 되었을 때 우리 자신의 처지에 대해서 감사하지 않을 수 없는 것이다.

인생이 짜증스럽고 희망이 없어 보이고 불행하다고 느낄 때 우리가 이 어려운 역경을 현명하게 극복하는 방법 중의 하나는 나보다 더 어려운 처지에 있고 병으로 고통 중에 있는 사람들을 방문하여 위로하여 주고 그들을 위하여 기도를 하는 것이다. 그러다 보면 자기의 고통도 잊어버리고 남을 위로할 때 자기 자신이 위로를 받게 되는 것이다. 이와 같이 적극적인 태도를 취하고 남에게 용기를 부어줄 때 자기 자신도 용기를 얻게 되는 것이다.

종합병원에 가서 불치의 병에 걸리거나 중병으로 앓고 있는 사람들을 보면 우리가 얼마나 행복한가하는 것을 알 수 있다. 지체장애자들이 수용된 고아원에 가서 한 달간 만 봉사하여 보아라. 우리의 고통은 저 멀리 사라져 버릴 것이다.

신앙심이 강한 아바 니크(Ava Nick)라는 사람이 쓴 산문시 한 편을 소개하고자 한다.

오늘 버스 안에서 나는 금발의 머리를 가진
한 외로운 소녀를 보았네.
그녀는 매우 즐거운 것 같았네.
나는 나도 그녀와 같다면 얼마나 좋을까 생각
하였네.
그러나 그녀가 갑자기 일어나 버스에서 내릴
때 그녀가 깡충거리며 지나가는 것을 보았네.
그녀는 한 다리밖에 없었고 목발을 짚고 있었네.
그녀가 내 곁을 지나가면서 미소를 지었네.
오! 하나님 제가 불평할 때 저를 용서하여 주
시옵소서.
저는 성한 두 다리를 가졌습니다.
이 세상은 내 세상이라네.

그리고 나는 길을 가다 사탕을 살려고 잠시
멈추었네.
사탕 파는 젊은이는 아주 잘 생겼었네.
나는 그에게 말을 걸었고 그는 매우 즐거운

듯 하였네.
내가 떠나갈 때 그는 나에게 말했네.
"나는 당신께 감사합니다. 당신은 참 친절하였습니다. 당신과 같은 사람과 이야기하는 것은 참 즐거운 일입니다."
그리고 그가 말하기를 "보시오, 저는 눈이 멀었답니다."라고 하였습니다.
오! 하나님 제가 불평을 할 때 저를 용서하여 주시옵소서.
저는 두 눈을 가졌습니다.
이 세상은 내 세상이라네.

그 후에 길을 걷다가 푸른 눈을 가진 어린아이를 보았네.
그 아이는 서서 다른 아이들이 노는 것을 바라보고 있었네.
그는 무얼 하여야 할지 알지 못하는 것 같았네.
나는 잠깐 멈추어 서서 그 아이에게
"귀여운 아가야, 왜 너는 다른 아이들과 함께 놀지 않니?"라고 물었네.
그 아이는 말 한마디 없이 그저 앞만 바라보고

있었네.
그 때 나는 그가 들을 수 없다는 사실을 알았네.
오! 하나님 제가 불평할 때 저를 용서하여 주시옵소서.
저는 들을 수 있는 두 귀가 있습니다.
이 세상은 내 세상이라네.

얼마나 자주 주님께서는 나를 불렀던가?
그러나 이 세상이 너무 어두웠고 나는 의심이 가득하여 등을 돌렸네.
주님의 팔이 나에게 뻗어 왔는데도 그의 부름을 거절하였네.
나는 그 때 눈으로 볼 수 있는 표적을 원했네.
그래서 나는 의심을 하였고 그 상을 잃었네.

두드리는 자에게는 문이 열릴 것이고
묻는 자에게는 응답이 얻어질 것이며
찾는 이에게는 주님이 보일 터인데
그러나 의심하는 자는 항상 눈이 멀 것이네.
우리가 신앙을 가질 때까지 주님의 막대기를 붙들 때까지 주님의 왕국은 상속받지 못할 것이네.

내가 가기 원하는 곳에 나를 데려다 줄 수 있는 두 다리가 있고
아름다운 저녁노을을 바라볼 수 있는 두 눈을 가지고 있으며
들으려고 할 때 들을 수 있는 두 귀를 가지고 있네.
오! 하나님 제가 불평을 할 때 저를 용서하여 주시옵소서.
저는 정말 축복 받았습니다.
이 세상은 내 세상이라네.

❖ 포기하지 말라

나는 초등학교 시절 산골마을에서 학교를 다녔다. 그 당시 시골 학교는 경제사정이 어려워 제대로 된 축구공이나 배구공이 없었다. 학생들은 새끼를 엮어서 만든 공으로 노는 시간에 축구를 했다. 마침 우리 학교는 군청에서 개최하는 각 학교 대항 운동회에 가서 좋은 성적을 올려 몇 개의 배구공을 상품으로 받게 되었다. 그 후 매일 방과 후에 선생님들이 편을 갈라 배구시합을 하는 것이 일과였다. 그 중에 키는 작달막하고 체격이 땅땅한 한 선생님이 계셨는데 운동신경이 둔해서 서브를 넣을 때 항상 실수를 하였다. 그렇게 몇 주를 지나다 그 선생님은 다른 선생님들이 다 퇴근한 후에 혼자 남아서 서브 연습을 시작하였다. 얼마간이 지난 후 그 선생님의 공은 대포알 같아서 서브를 제대로 받는 선생님이 없게 되었다. 그 선생님은 단연 모든 학생들의 영웅이 되었다. 나는 그 때 아마도 누구든지 그 선생님과 같은 열의

와 끈기가 있다면 못 이룰 일이 없을 것이라고 생각하였다.

“스스로 자기 자신을 해치는 자와는 더불어 이야기할 수 없고, 스스로 그 자신을 버리는 자와는 더불어 일을 할 수가 없다. 말할 때 예의를 비난하는 것을 자포(自暴)라 이르고, 나 자신은 인(仁)에 거하고 의를 행할 수 없다고 여기는 것을 자기(自棄)라 이른다.

인(仁)은 사람이 거주하기에 매우 안락한 집이며, 의(義)는 사람이 걸어가야 할 매우 올바른 길이다. 사람들은 편안한 집을 비워두고 거주하지 않으며, 바른 길을 버려두고 걸어가지 않으니 안타까운 일이다.” (「맹자」이루 상)

우리는 인류 역사에 있어서 위대한 업적을 남긴 사람 가운데는 여러 가지 역경 속에서도 굴하지 않고 그들의 인생을 성공으로 이끈 많은 사람들의 이야기를 들을 수 있다. 여기 몇 가지 실화를 소개하고자 한다.

1980년 2월 어느 날, 「월스트리트 저널」에 이런

공익 광고가 실려 있었다.

“만약에 당신이 좌절감에 사로잡혀 있다면 이런 사나이를 생각해 보라. 그는 초등학교를 중도 퇴학했다. 그는 시골에서 잡화점을 경영하다 파산했다. 그 빚을 갚는 데 15년이나 걸렸다. 그의 결혼생활은 매우 불행한 것이었다. 그는 하원의원 선거에서 두 번이나 낙선했다. 상원의원 선거에서도 두 번이나 낙선했다. 그는 자기 이름을 늘 ‘A. 링컨’이라고 서명했다.”

윈스턴 처칠은 20세기의 가장 뛰어난 정치가 중의 한 사람이었다. 그런 그가 중학교 때 3년이나 진급을 못했다. 영어에 늘 낙제점을 받았기 때문이었다. 육군사관학교에도 들어가지 못하고 포병학교에, 그것도 명문의 자제라는 특전 때문에 입학이 되었다.

그런 그가 먼 훗날 옥스퍼드 대학의 졸업식에서 축사를 하게 되었다. 처칠은 우레 같은 박수를 받아가며 위엄 있게 연단으로 걸어 나와서 천천히 모자를 벗어 놓고 청중을 바라보았다. 청중은 숨소리를 죽이며 그의 말을 기다렸다. “포기하지 마라!(Don’t give up.)" 이것이 그의 첫마디였다. 그러고는 처칠은 천천히 청중석을 둘러보았다. 사람들은 조용히 그의 다음 말을 기다렸다. 처칠은 목청을 가다듬고 다시 소리쳤다. "포기하지 마라!" 그러고는 그는 위엄으로 가득 찬 동작으로 연단을 걸어 나갔다.

1914년 겨울 밤 에디슨의 공장이 불에 타버렸다. 그의 필생의 노력의 결과가 완전히 없어진 것이다. 화재 소식을 듣고 달려온 에디슨은 바람을 타고 퍼져 나가는 화염을 방관하는 수밖에 없었다. 에디슨의 나이 67세였다. 그것은 에디슨에게는 재기불능의 재난인 것처럼 보였다. 다음날 아침 에디슨은 잿더미로 변한 공장을 둘러보면서 이렇게 말했다.

"지금까지 우리가 저지른 모든 시행착오며 실패들이 완전히 타버리고 없어졌다. 이제 우리는 그런 실패들을 거치지 않고 다시 시작할 수 있게 되었다."

3주일 후에 에디슨의 공장은 첫 축음기를 생산하는 데 성공했다.

❖ 어떠한 경우라도 희망은 있는 것이다

근대소설의 효시로 꼽히는 「유토피아」는 영국의 정치가이자 사상가인 토머스 모어의 작품이다. 런던 시청의 공무원이었던 그는 1515년 공무로 네덜란드에 갔다가 유명한 철학자 에라스무스와 깊은 교분을 맺으면서 영국의 현실에 환멸을 느껴 이 소설을 쓴 것으로 알려져 있다.

모어가 이상향(理想鄕)이라는 의미로 만들어 낸 '유토피아'의 어원(語源)은 '이 세상 어디에도 존재하지 않는다.'는 뜻의 그리스어 '우토포스'였다.

플라톤 등 그리스 철인(哲人)들의 '우토포스'는 인간과 세계의 본질에 의해 정해진 조건 아래서 가장 가능한 체제에 이르고자 하는 '노력'을 '이상'으로 간주한 것이다.

바꿔 말하면 이상향이 설혹 존재하지 않는다 해도 그것을 추구하려는 노력만으로 충분한 가치가 있다는 것이다.

희망도 마찬가지다. 절망의 늪 속에 빠져 있을 때 희망을 품기가 어렵기는 하지만, 희망을 갖느냐 포기하느냐의 차이는 엄청나다.

몇 년 전 신문기사에 산부인과 전문의사가 마취제가 섞인 링거 주사를 꽂고 자살하였다는 기사가 실렸다. 이 의사는 250만원의 급료를 받고 근무해 오고 있음에도 불구하고 개업을 하지 못했음을 비관하여 자살했다.

또 서울 강남구 대치동 은마아파트에서 결혼 15년째인 명문대를 나왔고 두 아들까지 둔 유복한 가정주부가 사회적 능력을 발휘 못하는 것을 비관하여 자살하기도 했다.

우리가 살아가면서 보노라면 많은 자살사건을 들을 수가 있는데 이들의 자살동기를 분석해보면 성취동기가 너무 강한 이 사회에서 대학입시에 실패해서, 증권이 폭락해서, 다른 경쟁에서 져서, 남보다 못하게 느껴져서 즉 상대적 열등감에서 자살을 하게 된다.

아무리 꽉 막힌 것 같은 상황이라도 잘 생각해보면 길이 있는 것이다. 결코 희망을 잃어서는 안 된다.

"우리가 이 소망이 있는 것은 영혼의 닻 같아서

튼튼하고 견고하여(히브리서 6:19)"라는 말이 있다. 우리는 소망을 닻에 비유할 수가 있다. 아무리 바람이 불고 폭풍우가 몰아쳐도 배가 단단하게 닻에 매어 있으면 배는 닻 주위에서 멀리 떨어지지 않는다. 우리가 고해와 같은 이 세상을 살아가노라면 때로는 풍파와 환란을 만나게 된다. 그러나 우리가 희망을 잃지 않으면 닻에 묶여 있는 배와 같이 이 풍파와 환란을 무사하게 견뎌낼 수 있다.

파리의 루브르 박물관에는 "체크메이트(장군)"라는 제목의 그림이 걸려있다. 이 그림에는 악마와 인간이 서양장기를 두고 있는 장면이 그려져 있다. 화면은 당장 악마가 '장군'을 불러 인간이 절체절명의 위기에 빠진 장면을 나타내고 있다.

언젠가 유태인 체스 명수가 이 그림 앞에 멈춰 서서 오랫동안 바라보고 있다가 너무나도 상황이 긴박해 있어서 인간에게는 희망이 없다, 이렇게 되어서는 인간이 구원될 가망이 없다고 하며 그림을 보면서 공포의 부르짖는 소리를 질러 수위에게 끌려 나갔다.

그러나 다시 돌아와서는 열심히 그 그림을 다시

들여다보았다. 그는 다시 공포의 부르짖음 소리를 내어 또다시 수위에게 끌려 나갔다. 세 번째 돌아왔을 때 그는 다시 한 번 그 그림을 자세히 들여다보았다. 그리고 이것은 이 그림을 그린 화가가 처음부터 의도했던 일이지만 주의해서 들여다보면 악마가 '장군'을 불러 몰아붙이고는 있지만 완전히 빠져나갈 수 없는 장기가 아니라 빠져나갈 수 있는 길이 꼭 한 수 있음을 발견할 수 있다.

이처럼 이 세상의 어떠한 일도 조금만 발상의 전환을 하면 해결할 수 있는 길이 발견되는 수가 많다.

❖ 행복을 그의 발 아래서 기른다

고대 페르시아의 부자였던 알리 하페드라는 사람의 이야기가 있는데, 그는 큰 토지와 소출이 풍성한 밭과 과수원, 정원을 많이 소유하고 있었으며, 또 돈을 사람들에게 빌려주고 이자를 받는 사람이었습니다. 그에게는 사랑스러운 가족이 있었으며, 처음에는 자신이 부유하였기 때문에 만족스러웠으며, 또 만족했기 때문에 부유하기도 하였다.

연로한 승려가 알리 하페드에게로 와서 엄지손가락만한 크기의 다이아몬드를 가지고 있으면 그가 지닌 것과 같은 농장을 많이 살 수 있을 것이라고 말했다.

알리 하페드가 말했다. "다이아몬드를 어디에서 구할 수 있는지를 제게 말해주시지 않겠습니까?"

그 승려가 알리에게 말했다. "만일 당신이 높은 산 사이의 하얀 모래밭을 흘러가는 강을 발견한다면, 그 하얀 모래 속에서 필시 다이아몬드를 발견하게 될 것이요."

그래서 알리 하페드는 자신의 농장을 팔고 또 이자를 받고 빌려주었던 돈을 거두었으며, 가족을 이웃집에 맡기고는 다이아몬드를 찾아서 멀리 떠나 아시아와 유럽에 있는 여러 나라를 여행하였다. 수 년 동안을 다이아몬드를 찾아 헤맨 끝에 그의 돈은 바닥이 났으며, 누더기를 걸친 비참한 상태에서 알리 하페드는 세상을 떠났다.

그러는 사이에 알리 하페드의 농장을 샀던 사람이 어느 날 낙타에게 물을 마시게 하려고 낙타를 정원으로 데리고 나갔다. 낙타가 그 코를 얕은 물에 넣었을 때, 그 농부는 그 흐르는 물속의 하얀 모래 속에서 이상하게 반짝거리는 것을 보았다. 그곳에 가서 그는 빛을 반사시키고 있던 검은 돌을 물속에서 건져냈다. 얼마 지나지 않아서, 그 늙은 승려가 알리 하페드의 뒤를 이어 살고 있는 그 사람을 방문하였다가 그 검은 돌 속에 있는 것이 다이아몬드라는 것을 알게 되었다. 두 사람이 정원으로 급히 가서 손가락으로 하얀 모래를 걷어내자, 더 아름답고 값진 보석들을 많이 건질 수 있었다.

이 이야기에 따르면 이것이 고대 역사에서 가장 값진 다이아몬드 광산으로 알려진 골콘다의 다이아몬드 광산 발견의 유래라고 한다.(러셀 H. 콘웰, 「Acres of Diamonds」)

조용한 뉴 잉글랜드 교회 마당에 비석이 하나 서 있었는데 그 비문에는 다음과 같은 중요한 메시지가 새겨져 있었다.

"여기에 두 번 축복 받은 한 여자가 누워 있다.
그 여자는 행복하였고 그리고 그것을 알았다."

인간이 행복을 추구하는 것은 당연한 일이다. 그러나 대부분의 우리들은 뉴 잉글랜드 무덤의 그 여자와 같지 않고 그것을 찾았을 때를 인식하지 못한다. 그래서 우리는 어떤 미래에 올 행복을 열심히 기다리고 있다. '차를 운전할 수 있는 나이가 되면, 결혼하면, 우리가 어린애를 낳으면, 새로운 집을 사면, 크게 승진을 해서 더 좋은 주위 환경에다 더 큰 집을 살 수 있다면, 아이들이 다 자라서 좀 평화를 얻을 수 있으면, 은퇴해서 여행도 할 수 있고 그 동안에 시간이 없어서 못하였던 일들을 할 수 있다면, 그러면 우리는 행복할 것이다.'고 생각을 할 것이다.

그런데 갑자기 우리는 뒤를 돌아다보게 되고, 우리가 행복했던 때를 기억하면서 우리가 다시 그때로 돌아갈 수 있다면 하고 바라게 된다.

그래서 많은 사람들은 경기가 정상적인 때, 즉 경제가 더 좋아지고 증권시장이 안정될 때, 더 이상 핵전쟁의 위협 하에서 생활하지 않을 때, 우리 자신의 생활에서 질서와 정상상태를 얻었을 때 우리는 행복을 발견할 것이라고 생각한다.

그러나 경기가 정상적인 때는 결코 없었다. 그리고 그런 때는 결코 없을 것이다. 우리가 지금 보는 것이 우리가 바로 가진 것이다. 오늘이 바로 우리가 얻을 수 있는 정상상태인 것이다. 행복이라는 것은 마음의 상태이고 그것은 마음 가운데 있다. 세상 사정과는 아무 상관도 없다. 불경에도 "모든 감정은 마음이 만들어 낸다(一切唯心造)."고 하였고, 성경에도 "하나님의 나라가 여기 있다, 저기 있다 하나 하나님의 나라는 너희 안에 있느니라."(눅 17:20-21)고 하였다.

제임스 오펜하임(미국의 작가, 1882-1932)은 "바보 같은 사람은 먼 곳에서 행복을 찾는다. 반면에 현명한 사람은 자기 발 아래서 행복을 기른다."고 하였다.

❖ 인생은 고행인가

인간의 가장 근본적인 생존의 문제는 의식주(衣食住) 해결이고 다음은 육체적 및 정신적 고통일 것이다. 간소한 옷으로도 충분하고 자연에 먹을 것이 풍부하며 비싼 주거공간이 없어도 만족할 수 있는 아열대 지방 국가나 부를 구가하고 있는 서구 부강한 제국들에서는 고통스러운 일은 제한적일 것이다. 특히 기독교 문화권의 서구 사람들은 인생의 목적은 기쁨을 얻는 것이고 우아한 생활과 즐기는 생활에 더 많은 관심을 보인 반면 불교를 중심으로 한 동양사회에서는 내핍과 영적인 고양에 더 비중을 두었고 인생은 고통이라는 관념이 지배적이었다. 그러나 인간의 삶에 있어서 경제적 풍요와는 무관하게 인간 본연의 고통이 수반되는 것이다.

특히 인도의 힌두교도들은 고행을 통하여 해탈을 얻을 수 있다고 믿고 일부러 무모하게 몸을 상하게 하여 고행 수도를 했다. 이에 대하여 부처님은 다음과 같은 일화를 들어 가르치고 있다.

한 바라문이 길에서 고행을 하고 있었는데, 사람이 보고 있을 때는 가시덤불 위에 눕고 사람이 없을 때에는 다른 곳에서 쉬었다. 어떤 사람이 이 모습을 보고 말했다.

"자네는 가시덤불에서 뒹굴며 자기 몸을 괴롭히고 있는데, 좀 살살 하는 것이 어떤가? 억지로 몸을 굴려서 상처를 깊게 할 필요는 없지 않은가."

바라문은 이 말을 듣고는 노여운 마음이 생겨, 일부러 보란 듯이 몸을 내던지며 전보다 더 심하게 데굴데굴 굴렀다.

그때 우바새(속세에 살면서 부처님을 믿는 남자신도) 한 사람이 그 광경을 보게 되었다. 바라문은 보는 사람이 하나 더 생겼으므로 더욱더 요란스럽게 굴러다녔다. 우바새가 어리석은 바라문에게 충고했다.

"자네는 지금까지는 작은 가시로 몸을 상하게 했는데, 이제는 노여움이라는 큰 가시로 온몸을 상처투성이로 만들고 있군. 이전 가시는 아주 작아서 상처가 대단치 않았지만, 지금의 '탐진(貪嗔, 탐욕과 노여움)'이라는 가시는 매우 깊은 상처를 주고 있네. 가시에 찔리는 고통도 보통이 아니지만, 탐진의 고뇌는 아주 먼 훗날(無量劫)까지 몸을 찔러 영원히 고통스럽게 만들 거네. 자네는 하루 속히 마음의 눈을 떠서 그것을 제거하도록 노력하지 않으면 안 되네."

그리고 부처님은 다음과 같은 게송을 읊었다.

뽑아버려라, 마음의 가시
탐진(貪嗔)의 독은 상처가 깊다.
날카로운 지혜의 칼로
잘라버려라, 마음의 가시

탐진에 깊이 집착하는 사람은
어리석은 사견(邪見)에
오래도록 사로잡히는 까닭에
진리의 길을 찾을 수 없다.

가시덤불에 누워 몸을 괴롭히며
괴로움을 가지고 괴로움에서 벗어나려고 하지만
탐진 때문에 괴로움만 더하여
언제까지나 올바른 길을 찾을 수 없다.

「대장엄론경(大莊嚴論經)」

불교는 인간의 삶의 문제를 간명하게 고뇌로 요약하고 이에 대한 해법을 제시하고자 하였다. 즉 불교에서는 '인생은 8고(八苦)의 불이 붙는 집(火宅)이다.'라고 말한다. 8고라는 것은 생(生), 노(老), 병(病), 사(死), 애별리고(愛別離苦-사랑하는 사람과 헤어지는 괴로움), 원증회고(怨憎會苦-미워하는 사람과 만나야 하는 괴로움), 구불득고(求不得苦-구해서 얻지 못하는 괴로움), 오음성고(五陰盛苦-온갖 욕망이 발동하는 괴로움)를 말한다.

이와 같은 고통의 원인은 무명(無明-진리를 모르는 어리석음), 탐욕(貪慾-과도한 욕심을 부리는 것), 악의(惡意-남에게 악한 마음을 품는 것), 죄악(罪惡-죄를 지고 악을 행하는 것), 태만(怠慢-게으른 것), 이기심(利己心-자기 욕심만을 채우려고 하는 것), 교만(驕慢-겸손하지 못한 것)이라고 한다.

이러한 것들이 원인이 되어 인간은 어쩔 수 없이 고뇌에 빠지게 되어있다. 이러한 때에 우리는 이를 슬기롭게 대처하여 우리가 이로 인해 피해를 입지 않도록 잘 극복하고, 더 나아가서 이를 긍정적으로 소화하는 것이 우리의 과제이다.

마음이 괴로운 상태에 있을 때에는 신을 제외하고

는 아무에게도 그것을 말하거나 하소연해서는 안 된다. 침묵을 지키고 꾹 참아내는 것이 필요하다. 그렇지 않으면 고뇌는 다른 사람에게로 옮아가서 그 사람을 괴롭힐 것이다. 시간이 흐르면 당신 자신 속에서 그 고뇌는 다 타버리고 말 것이다. 고뇌 그 속에서만이 조금씩이라도 완성으로 향하여 가까워져 갈 수 있는 기회나 문제가 들어 있다고 생각하는 것은 힘있는 도움이 된다. (톨스토이)

❖ 역경 때문에 어떤 자는 패하고

나는 몇 년 전, 두 가지 신문기사를 보고 잠을 못 이루고 갈등했던 적이 있다.

첫 번째는 16살 먹은 여자아이이다. 그 당시 그녀에게는 스무 살을 갓 넘긴 오빠가 있었다. 어느 날 밤, 느닷없이 군인들이 들이닥치더니 오빠를 잡아갔다. 영문도 모른 채 잡혀갔다. 군인들은 이틀 동안 조사하고 심문하더니 오빠를 산채로 묶어 가지고 활활 타오르는 장작더미에 던져 생화장을 시켜버렸다. 하나밖에 없는 외동아들을 그렇게 비참하게 죽임을 당한 어머니는 그 부대 주변을 배회한다. 기둥을 붙잡고 하염없이 울어댄다. 군인들은 귀찮다 못해 어머니마저 부대 안으로 끌고 들어가 몹쓸 짓을 한다. 강간, 윤간을 하고 부대 막사 안에 있는 나무 기둥에 묶어 먹을 것을 주지 않아 굶어서 돌아가신다. 아버지마저 끌려가 총살형을 당한다. 열여섯 살 먹은 여자아이는 졸지에 고아가 되어 버린다. 더 기막힌 것은 나이 열여섯이 되도록 학교 문턱도 가본 적이 없다. 그 가녀린 소녀의 뒷날 삶이 얼마나 힘들고 어려웠겠는가? 그 여자아이는 그로부터 17년 후 서른 세 살의 나이로 1992년 10월 두 번째 주간에 우리들 앞에 나타났다. 전 세계인들 앞에 나타났다. 그 과테말라 인디언 여자는 과테말라 원주민의 인권보호자로서 노벨평화상을 타러 나타났다. 무엇이 그 사람을 그렇게 성공적인 삶으로 변신을 시켰을까? 세상을 살아가려면 남들처럼 대학, 대학원도 나와야 하고 재산도 있어야 한다. 친인척과 배경도 있어야 된다. 그러면 그 여자에게는 무엇이 있었는가? 거꾸로 말하면 우리 사람들의 진짜 삶의 모습을 만들어 가는 것은 그런 학력, 재산 말고 또 다른 무언가가 우리에게 있다는 얘기다.

또 한 가지 기사가 충격적으로 다가왔다.

어머니 뱃속에서 7개월이다. 아버지는 대형 트레일러 기사다. 그런데 어느 날 일을 나가셨다가 고속도로에서 교통사고로 돌아가신다. 어머니는 신혼의 단꿈이 깨기 전에 첫 아기를 잉태한 지 7개월로 배는 불러오고 어떻게 할 수 없다. 친정으로 돌아가서 아들을 낳았다. 낳자마자 다시 취업전선을 찾아 나선다. 찾아 헤매다가 간호보조사 몇 개월 단기과정을 마치고 고향에 돌아와 취직을 한다. 그 과정에서 자동차 세일즈하던 남자를 만나 재혼을 하게 된다. 아이는 비로소 그 의붓아버지 성을 따서 이름이 등록된다. 의붓아버지 이름은 클린턴이다. 빌 클린턴, 네 남자와 다섯 번씩 결혼하는 어머니 밑에서 성장한 사람이다. 한두 번도 아닌 다섯 번씩이나 아버지가 바뀌는 가정에서 무슨 정서적인 안정, 따뜻한 정을 느꼈을까? 그저 불우한 환경 속에서 자랐다고 할 수 있는 그 사람이 지난 8년 동안 대통령을 두 번 지냈으며 미국을 경제적인 호황으로 이끌고 지난 1월 21일 물러난 빌 클린턴이다. 1994년 1월 6일 버지니아 켈리 여사가 돌아 가셨다. 마지막 의붓아버지는 식료품 슈퍼마켓을 하는 켈리라는 분이었다. 그날 백악관 뜰 앞에 눈물을 글썽거리면서 클린턴은 이런 얘기를 한다. "누가 뭐래도 나는 우리 어머니가 자랑스럽다. 그 시대 상황에서 우리 어머니는 능동적으로 적극적으로 자신의 삶을 헤쳐 나오신 분이다. 나는 그 아들인 것이 자랑스럽다."

나는 우리와는 별개의 세상에 사는 사람들이라고 생각될지 모르는 두 사람을 예로 들었다. 그러나 그 사람은 지금 이 시간도 우리와 함께 살아있는 마흔세 살 된 여자 리고베르타 멘추 툼(Rigoberta Menchu Tum : 과테말라 원주민의 민권운동가)과 쉰네 살이 된 남자 빌 클린턴(Bill Clinton)이다.

이 사람들은 하나같은 공통점이 있다. 우리보다 훨씬 힘든 열악한 조건 가운데서도 자포자기하는 생각을 갖지 않았다. 우리보다도 훨씬 나쁜 조건 속에서도 진정 자기 사랑의 올바른 길을 선택하였다.

지금까지 여러분은 여러분 자신을 얼마나 알고 있었는가? 이 시간 제일먼저 여러분 자신들을 바로 보는 생각, 마음가짐의 변화가 시작되길 진심으로 바란다. 여러분은 지금까지 여러분 자신들이 알고 있던 것보다 훨씬 훌륭한 분들이다. 아침에 눈을 뜨면 물어보자. 자신에 대해서 다섯 번씩 물어 보자. (어느 신문에서)

맹자는 "하늘이 어떤 사람에게 큰일을 맡기려고 할 때에는 반드시 그 사람의 마음을 괴롭히고 살과 뼈를 힘들게 하고 몸을 궁핍하게 하고 행하는 일마다 어렵게 만들어 일부러 시련과 고난을 가한다. 이러한 곤경과 궁핍과 환란을 겪어야만 그의 심신이 강해지고 재능이 단련되고 정신과 인격이 연마되어 대업을 성취할 수 있다."고 하였다. (「맹자」고자 하)

춥고 어둡던 시절에 몰려오는 잠을 쫓기 위해 송곳으로 허벅지를 찔러 그 피가 종지뼈까지 흐르도록 공부했다는 중국 춘추전국시대 영걸(英傑) 소진(蘇秦)은 여섯 나라의 재상(宰相)이 되었을 때 하늘을 우러러 "내가 낙양성중(洛陽城中)에 이틀갈이 전답만이라도 있었던들 내가 어찌 여섯 나라의 패인(佩印)을 허리에 찰 수 있었겠는가?"라고 탄식했다고 한다.

영국의 시인 워즈워드는 "역경 때문에 어떤 자는 패하고 어떤 자는 기록을 세운다."고 하였다.

❖ 회오리바람은 아침 내내 불 수 없고

어떠한 시련이나 고난을 받을 때 이것은 참으로 우리 자신의 행동이 문제의 원인이 되기도 하지만, 모든 시련의 원인이 되는 잘못된 행동이 반드시 있는 것은 아니다.

성경에도 어떠한 병을 얻게 된 것이 누구의 죄로 인한 것입니까라고 묻는 구절이 있고, 불교에서는 자기에게 닥치는 화복이 자기가 쌓은 선업이나 악업의 결과라고 연기설을 이야기한다. 그러나 어떤 재난은 우리의 행동과는 아무런 상관이 없는 자연재해나 전쟁, 혁명과 같은 시대상황에 의해서 일어날 수도 있다.

이처럼 우리의 생활에서 예기치 못한 부당하게 생각되는 일이 발생했을 때 길을 벗어나게 되기가 참으로 쉽다. 인간의 위대성은 인생에서 전혀 불공평하고 부당하고 합당치 않게 생각되는 일이 발생할 때 어떻게 대처해 나가느냐에 의해 알아볼 수 있다.

우리에게 일어난 나쁜 일이 우리들에게 해를 주지 않도록 현명하게 대처하는 것은 위대한 도전이다. 그것이 역경과 비극 사이의 진정한 차이이다.

「노자」23장에 보면 "회오리바람은 아침 내내 불 수 없고, 소나기는 하루 내내 올 수 없다."는 말이 있다.

우리의 인생을 생각할 때 화날 때나, 급하게 서둘 때나, 분노에 부르르 떨 때나, 억울함이 하늘을 짓누르는 것 같을 때, 바로 이 시구(詩句) 한 마디가 얼마나 많은 우리의 영혼을 위로할 것인가? 서양 속담에 "인내는 오직 강한 자 만이 마실 수 있는 쓴 잔이다."라고 하였다.

이러한 위기 상황에서 우리가 어떠한 태도를 선택하여야 하는가? 대부분의 역경은 인내를 가지고 긍정적으로 발상의 전환을 하고 시간을 끌다 보면 시간이 해결해 주는 경우가 많다.

"우리가 실패와 자기 연민이라는 감옥에 스스로 가두어 둔다면 우리는 그것을 지키는 간수에 지나지 않는다. 우리를 자유롭게 하는 열쇠는 다만 우리가 갖고 있을 뿐이다." (옥 맨디노, 「지상의 가장 위대한 기적」)

경우에 따라서 이것도 내 팔자이지하고 운명론의 팔자소관으로 쉽게 체념할 수 있다면 그것도 하나의 방편이 된다. 그러나 인생에 있어서 큰 안목으로 볼 때 과연 무엇이 더 중요한가에 대한 지혜 있는 판단이 필요하다. 그러한 지혜가 부족할 때 자기 파멸로 끝을 맺는 어리석은 사람들이 있다.

그러한 곤경에 처해 있을 때 하나님을 믿는 사람은 그래도 좀 쉽게 위기를 극복할 수가 있다. 체면과 자존심 때문에 누구한테도 털어놓을 수 없는 이 고통과 곤경을 적어도 하나님이 계시다면 그에게라도 불평할 수 있지 않은가? 견딜 수 없는 고통 속에서도 하느님이 없다고 했을 때 형편보다 하나님이 있을 때 그 형편이 더 나을 것이다.

공자도 "나를 알아주는 이가 없구나!"라고 탄식하자, 자공이 말하기를 "어찌하여 선생님을 알아주는 이가 없는 것입니까?"라고 하였다. 공자는 "나는 하늘을 원망하지 않으며, 아래로 인간의 일을 배우면서 위로 하늘의 이치를 통달하노니, 나를 알아주는 자는 하느님이실 것이다."라고 하였다. (「논어」, 술이 22, 헌문 37)

불경 보왕삼매론에 다음과 같은 권고의 말이 있다.

몸에 병 없기를 바라지마라. 몸에 병이 없으면 탐욕이 생기게 되나니 병고로서 양약을 삼으라.

세상사에 곤란 없기를 바라지마라. 세상사에 곤란이 없으면 업신여기는 마음과 사치한 마음이 생기나니 근심과 곤란으로서 세상을 살아가라.

공부하는데 마음에 장애 없기를 바라지마라. 마음에 장애가 없으면 배우는 게 넘치게 되나니 장애 속에서 해탈을 얻으라.

일을 꾀하되 쉽게 되기를 바라지 마라. 일이 쉽게 되면 뜻을 경솔하게 되나니 여러 겁을 겪어서 일을 성취하라.

친구를 사귀되 내가 이롭게 되기를 바라지 마라. 내가 이롭고자하면 의리를 상하게 되나니 순결로서 사귐을 길게 하라.

2

가족, 친구

❖

❖ 화목한 결혼생활을 위해서는

성경에 보면 가정의 시작이 다음과 같이 묘사되고 있다.

"아내들이여! 자기 남편에게 복종하기를 주께 하듯 하라. 이는 남편이 아내의 머리됨이 그리스도께서 교회의 머리됨과 같음이니 그가 친히 몸의 구주시니라. 그러니 교회가 그리스도에게 하듯 아내들도 범사에 남편에게 복종하고 경외할지니라.

남편들아! 아내 사랑하기를 그리스도께서 교회를 사랑하시고 위하여 자신을 주심같이 하라. 이와 같이 남편들도 자기 아내 사랑하기를 제 몸같이 할지니 자기 아내를 사랑하는 자는 자기를 사랑하는 것이라." (에베소서 5:22-29)

동양의 유교에 의하면 우주 만물을 음양으로 구분하여 하늘을 양으로 땅을 음으로, 남자를 양으로 여자를 음으로 보았다. 여기에 남자를 하늘로 여자를 땅으로 비교하였다.

부부유별(夫婦有別)이라고 하여 남편과 아내가 분별이 있어야 한다. 남편은 굳세어서 바른 도리로 가정의 법도를 세우고, 대외적인 활동을 통하여 그 집안을 번영으로 이끌고 국가 사회에 기여하는 것을 본분으로 하며, 아내는 유순의 덕을 갖추어서 남편의 뜻에 따르며 안에 있어서 자녀를 낳아서 기르고 길쌈하고 옷을 짓고 음식을 만드는 등 집안 살림을 보살피는 것을 직분으로 한다.

또한 남자는 밖에 거처하여 안의 일을 말하지 않고, 여자는 안에 있어서 밖의 일을 말하지 않는다는 말로 부부의 분별을 정의하였다.

과거에는 동서를 막론하고 남존여비의 사상이 지배적이어서 여자의 인권이 경시된 폐단이 있었다. 특히 동양에서는 유교의 영향으로 삼종지의(三從之義—어려서는 아버지의 뜻을 따르고, 결혼하면 남편의 뜻을 따르고, 늙어서는 아들의 뜻을 따른다)는 인정과 의리로 보아서 존중되어야 할 것이지만, 칠거지악(七去之惡) 같은 것은 지나치게 일방적인 사고방식에서 나온 것이다.

오늘날은 고도로 발달된 산업사회에서 남녀가 다 함께 생활전선에서 활동을 하게 되고 또 과거와는 달리 남녀평등의 민주제도 밑에서 도덕적 가치관을 달리하게 되었다. 그러나 남녀가 결혼하여서 가정을 이루는 이상, 인간의 모든 집단이 주도자가 있는 것처럼 가정을 이끌어 가는 역할을 하는 사람이 있어야 한다. 따라서 여러 가지 면에서 남편이 가장이 되어 가정을 이끌어가고, 아내는 남편의 의사를 존중하여서 협력하는 것이 타당하다고 본다. 이것은 무조건 순종을 의미하는 것이 아니고, 남편의 하는 일이 옳을 때는 그대로 따르겠지만 옳지 않다고 인정될 때는 어디까지나 충고하여서 고치도록 하여야 한다.

또한 화목한 결혼생활을 위해서는 인내심과 자제심이 필요하다. 남편은 아내에게 인내로 대하고, 아내도 남편에게 인내로 대하여야 한다. 서로 완전을 기대하지 말아야 한다. 자라 온 가정환경이 다르고 성격이 다른 두 사람이 모든 것에 일치하기는 어려운 일이다. 서로의 차이점을 조화시키기 위해 의견을 합치는 방법을 모색하여야 한다. 결혼생활에 관한 지혜로서 "결혼 전에는 눈을 크게 뜨고 찾아보고, 결혼 후에는 눈을 반쯤 감으라."는 서양의 격언을 생각하라. 결혼생활은 마치 다른 두 개의 원이 점점 더 깊이 겹쳐 가는 과정이라고 생각할 수 있다. 결혼생활이 오래되면 그저 눈짓만 해도 상대방이 무엇을 원하고 있는지 알아차릴 수 있게 되는 것이다.

특히 부부관계에 있어서 가장 중요한 것은 배우자에게 절대적으로 성실한 것이다. 현대 사회에 있어서 가장 심각한 문제는 성도덕의 문란으로 인해 성실성을 상실함으로써 가정의 파탄이 일어나고 이혼이 늘어나는 것이다.

결혼한 두 쌍 가운데 한 쌍 꼴로 이혼하고, 다시 그 이혼한 두 쌍 가운데 한 쌍 꼴로 재혼하며, 다시 그 재혼한 두 쌍 가운데 한 쌍 꼴로 이혼하는 사회를 이분해체사회라 한다. 미국 사회가 바로 그 이분해체사회다.

특히 이혼한 가정으로 인하여 홀어머니나 홀아버지에 의해서 양육되는 어린아이들의 수가 늘어가고 있으며, 이러한 가정으로부터 가출하는 청소년들의 수가 늘어가고 있어 사회적인 큰 문제가 되고 있는 실정에 있다. 이것은 대부분 부정의 결과에서 오는 것이며, 결국 부정의 대가는 가정을 파괴하며 온 가족을 불행으로 떨어뜨린다.

이혼은 부부 당사자들에게도 고통이 되지만 그 자녀들에게 그 충격은 엄청난 것이며 그들의 성장과정에 막대한 좋지 못한 영향을 끼치고, 잘못되는 경우에는 아이들의 인생까지도 망치게 되는 경우가 흔하다. 이것은 부부가 정말 심각하게 생각하여야 할 문제이다.

본인 한 사람의 이기적인 생각을 떠나 상대방과 자녀들을 위하여 어떠한 희생을 치르고라도 이러한 상황에까지 이르지 않도록 하여야 한다. 그러한 난관을 극복하고 가정을 지키는 것만으로도 그 사람은 성공한 사람이 되는 것이다. 미국의 한 성직자가 말한 "이 세상의 어떠한 성공도 가정에서의 실패를 보상할 수는 없다"라는 말은 깊이 음미해 볼 만한 말이다.

부부 사이의 심각한 불화상태는 때로 말 한마디로 해결되기도 하지만 경우에 따라서는 사소한 말다툼이 큰 문제로 확대되기도 한다. 보다 나은 결혼생활을 위해 부부들이 늘 염두에 두어야 할 점들은 무엇일까? 미국 여성지「맥콜」최근 호에 실린 "보다 나은 부부관계를 위한 아이디어 10가지"를 소개한다.

1. 배우자의 좋은 점을 계속 강조한다.
당신은 음식 솜씨가 좋다거나 당신의 판단이 옳았다는 등 좋은 이야기를 수시로 입에 올린다. 남편의 솔직한 칭찬은 다른 많은 낯선 사람들이 쳐다보는 것보다 부인에게 더 행복을 가져다준다는 것을 기억하라.

2. 젊은 시절의 꿈에서 깨어나라.
흔히 “우리 아버지는 집안일을 잘 거들어 주셨다.”거나 “어머니 음식 솜씨가 무척 좋았다.”는 등 결혼 전의 생활을 공공연히 이야기하는 등 과거와 비교하는 일은 가능한 한 금해야 한다.

3. 집 밖에서 화난 일을 가정으로 끌어들이지 말라.
기분 나쁜 상태로 귀가했다면 최소 5분만이라도 혼자 시간을 갖고 화를 가라앉힌 뒤 배우자를 대하는 것이 서로에게 좋다.

4. 당신이 원하는 바를 배우자에게 일러주어라.
상대가 내 마음을 알아주겠거니 하는 기대는 바람직하지 않다. 생일 선물을 받고 싶다거나 외식을 하고 싶다면 그 점을 배우자가 알도록 적극적으로 표현해야 서로 마음이 편하다.

5. 당신이 원치 않는 것 역시 상대에게 알려라.

6. 부부간에 문제가 있다면 그 확실한 원인을 밝혀라.
   문제 주변에서 맴돌며 끙끙 앓기보다 문제의 핵심과 맞부딪치면 문제는 절로 해결될 것이다.
7. 사소한 일을 문제 삼지 말라.
   집안 청소가 제대로 안됐다거나 빨랫감을 마루에 함부로 던진다든지, 대수롭지 않은 일을 사사건건 지적하다 보면 정말 중요한 일은 놓치기 쉽다.
8. 불쾌한 일은 새삼 문제 삼지 말라.
9. 정기적인 대화 시간을 의도적으로라도 마련하라.
   주말마다 가능하면 매일 단 몇 분이라도 부부만의 시간을 가짐으로써 서로의 생활과 생각을 보다 이해할 수 있다.
10. 심각한 문제가 생길 경우 믿을 만한 친지와 상담해 보라.
    혼자 끙끙 앓기보다 남에게 속마음을 털어놓다 보면 뜻밖에 해결방법을 찾기도 한다.

이 외에도 다음과 같은 충고를 참고로 하라.

그대의 아버지든, 어머니든, 형제자매든, 어떤 친척이든, 그대 앞에서 배우자를 비판하지 않게 하라. 시집의 허물은 친정부모에게 말하지 말 것이다. 이는 다만 부모에게 시름을 끼쳐드리는 일이 될 뿐이다. 이런 것들은 부부 간의 분쟁과 이혼으로 인도하는 단초들이다.

가능하면 부인에게 부인이 되는 것과 동시에 돈을 벌 것을 기대하지 말라. 창세기나 동양의 유교에서 가르치듯이 남자는 땀을 흘려 가족을 부양하는 것이고, 여자는 자녀를 낳고 기르는 것이 주된 역할이다.

유머를 갖고, 남편의 응석을 받아 주라. 진실로 남편은 가정에서 응석받이가 되는 것을 좋아한다.

부인은 항상 깨끗한 용모와 단정한 복장을 잊지 말라. 백화점의 그 많은 화장품과 장신구류와 의상들은 왜 여성들을 위한 것이 대부분인가?

분별력과 인내심을 가지고 가정을 끝까지 지켜라. 부부는 늙어서도 소외감과 외로움으로부터 구해주는 절실하게 필요한 관계이고, 노년의 행복은 부부가 함께 하는 것이다.

❖ 자녀는 나의 소유물이 아니다

가끔 신문 기사를 보면 생활고나 다른 가정적인 불화로 어린 자녀들과 함께 동반 자살하는 경우가 있다.

우리나라의 많은 사람들은 마치 자녀들을 부모들의 소유물인 것처럼 생각하여 자녀들의 생명을 마음대로 할 수 있다고 생각하는 것이다. 더구나 이 경우는 다 성장하여 성인이 된 아들까지도 그렇게 생각한 것이다. 우리 육신의 자녀는 나의 소유물이 아니다. 엄연히 하나님의 자녀인 것이다.

우리가 단지 그들이 이 세상에 사는 동안 그들을 양육하고 보호할 권리를 가지고 있을 뿐이며, 우리가 이 세상에서 그들과 함께 생활함으로써 우리에게 기쁨을 주기 위하여 우리 가정에 보내주신 선물인 것이다.

성경에 보면 "자식은 여호와의 주신 선물이요, 태의 그의 열매는 그의 상급(賞給)이로다. 젊은 자의 자식은 장사(壯士)의 수중(手中)의 화살 같으니 이것이 그의 화살통에 가득한 자는 복되도다. 저희가 성문에서 그 원수와 말할 때에 수치를 당하지 아니하리로다.(시편 127:3-5)"고 하였다.

서구 기독교 문화권에서는 어린 자녀들은 하나님께서 주신 선물이며 성장할 때까지 맡아 하나님의 자녀로서 양육하도록 책임을 지어준 하나님의 자녀라는 관념이 일반화 되어 있는데 반하여, 많은 우리나라 사람들은 이러한 진리를 들어보지도 못했으며 생각해본 일도 없고 이해하지도 못하기 때문에 그와 같은 어리석은 짓을 하게 되는 것이다.

여기에 카릴 지브란의 어린이를 기르는 일에 관해 정확한 인식을 표현한 글을 소개하고자 한다.

당신의 아이는 당신의 아이가 아니다.
그들은 스스로 갈망하는 생명의 아들, 딸이다.
그들은 당신을 통해 왔지만 당신으로부터 온 것이 아니다.
그리고 그들은 당신과 함께 있지만 당신의 소유물이 아니다.

당신은 그들에게 사랑을 주어도 당신의 생각을 주어서는 안 된다.
그들은 그들 자신의 생각을 가졌기 때문이다.
당신은 그들의 육신은 집에 두어도 좋지만 정신을 가두어서는 안 된다.
그들의 정신은 당신이 방문할 수 없는, 내일의 집에 살지, 당신의 꿈속에 사는 것이 아니기 때문이다.
당신은 그들을 좋아하기 위해서 애써도 좋지만, 그들이 당신을 좋아하도록 요구해서는 안 된다.
인생은 뒤로 가는 것이 아니며 어제에 머물러서는 안 되기 때문이다.
당신은 활, 살아 있는 화살인 당신 자녀들을 앞으로 나아가게 하는 일이다.
사수는 끝없는 길 위의 표적을 본다.
그는 그의 화살이 멀리 그리고 빨리 나아가도록 그의 힘으로 당신을 구부린다.
당신이 사수의 손에 의해 구부러짐을 기뻐하라.
그가 날아가는 화살을 사랑하는 것과 똑같이 자리에 있는 활도 사랑하기 때문이다. (카릴 지브란, 「예언자」)

❖ 형제가 한자리에 모여야 즐겁고

형제간의 깊은 사랑에 대한 일화로서 다음과 같은 이야기가 있다.

"옛날에 농사를 짓는 두 형제가 있었다. 그런데 추수 때가 되니까 형이 동생은 새살림을 났으니 나보다 어렵겠지 라고 생각하고, 아우는 나야 식구가 적어서 괜찮지만 형은 아이들도 많으니 나보다 살기가 힘들 거야 하고 서로 걱정을 하였다.

형제는 밤중에 서로 몰래 각자가 추수한 볏짐을 날랐다. 형은 아우 집으로, 아우는 형의 집으로 날랐다. 그러나 며칠이 지나도 줄지를 않아 서로 이상히 생각했다. 어느 날 밤에 열심히 볏짐을 나르다가 드디어 서로 마주치게 되었다. 형제는 서로 얼싸안고 기뻐서 울고 말았다."

시경(詩經)에도 보면 형제간의 관계를 다음과 같

이 읊고 있다.

산자매 꽃이 환히 피어 밝지 않은가.
지금 세상사람 중에서 형제만한 이가 또 있는가.
죽음의 마당에서 형제는 간절히 생각하며,
송장이 쌓인 들판에서도 형제는 서로 찾는 도다.
들에는 할미새가 바삐 날 듯 형제는 위난을 급히 구하는 도다.

매양 좋은 벗이 있으되 이럴 땐 길게 탄식할 뿐이로다.
형제는 울안에서 싸우다가도 밖에선 업신여김을 함께 막는 도다.
비록 좋은 친구가 있다 하여도 누가 우리를 도와주리오.
맛있는 음식을 늘어놓고 취하도록 술을 마신다 하여도, 형제가 갖추어 있어야 화합하고, 또 따르게 되느니라.
아내와 아들의 뜻이 맞아 거문고와 비파가 어울림 같다 하여도, 형제가 한자리에 모여 있어야 즐겁고 또 기쁨이 길지니라.

중국의 대문호 루쉰(魯迅)의 시에 "아무리 원한이 맺혀 있어도 형제는 한번 만나서 웃기만 하면 지난날의 원한이 없었던 것이 된다."는 구절이 있다. 같은 핏줄을 타고 난 형제는 형제이니 서로 용서 못할 일이 없다는 것이다.

형제자매들은 같은 상에서 음식을 먹고, 같은 방에서 잠을 자고, 공부하고 논다. 때로는 옷을 서로 바꾸어 입거나 내려가면서 입기도 한다. 그들의 사이는 사회의 누구보다도 친밀한 관계를 유지한다. 그래서 당신이 형제자매들로부터 많은 것을 기대하는 것은 당연한 일이다. 그들이 당신을 실망시키면 쉽게 화를 내게 되지만, 또한 곧 풀어지게 된다.

혹 어떤 일로 인해 형제자매들과의 관계에서 금이 가면 지체 없이 복구하여야 하고, 그것이 더 큰 갈등으로 발전하지 않도록 하여야 한다.

형제는 또한 세상에 태어나서 처음 대하는 가족사회의 일원이다. 형제들과 서로 다투면서 경쟁함으로써 앞으로 사회에서의 경쟁력을 기른다. 또한 일생을 통하여 가장 가까운 경쟁의 상대이며, 질투의 대상이 되기도 한다.

부모도 정에 휩쓸리기 쉬운 인간인지라 많은 부모들에게 그들의 모든 자녀들을 똑같이 사랑하는 것은 쉬운 일이 아닌 것 같다. 그러나 부모들은 편애는 심각한 결과를 초래한다는 것에 유념해야 한다. 똑똑하고 올바르게 행동하는 자녀는 사랑을 받고 부모로부터 인정을 받는다. 그러나 바보 같고 고집스러운 아이도 부모로부터 똑같은 사랑을 받고, 동정을 받는 것은 당연한 일이다. 한 아이에 대한 편애는 그를 너무 자만심에 빠지게 하여 그의 다른 형제자매들의 질시로 인해 그들 사이를 갈라놓거나 심각한 결과를 낳을 수도 있다.

성경에 보면 야곱이 가장 사랑하였던 라헬이 오랫동안 아이가 없다가 말년에 두 아들을 낳았는데 그중에 한 아들이 요셉으로 야곱의 특별한 사랑을 받았다. 때로는 요셉에게만 갖가지 아름다운 색깔이 들어간 겉옷을 선물해주기도 했다. 이렇게 요셉이 아버지의 사랑을 독차지하니, 형들이 그를 몹시 미워하였다. 그런데 한번은 그가 꿈을 꾼 이야기를 그의 형들에게 말하였다.

"제가 형님들과 함께 밭에서 곡식 단을 묶고 있었

는데, 제가 묶은 단은 우뚝 서고, 형님들이 묶은 단들은 제 단을 빙 둘러싸고 절을 하는 것이었어요.”

그 말을 듣고 형들이 불쾌하게 생각했고, 이 일로 요셉에 대한 형들의 시기는 더욱 심해졌다. 그 후에 또 다른 꿈을 꾸었는데 이때는 “해와 달과 열한 개의 별이 제게 절을 하드라.”라고 그의 형들과 부모님 앞에서 이야기 하였다. 이때는 아버지도 요셉을 꾸짖었다.

“네가 꾼 꿈이 뜻하는 바가 무엇이라고 생각하느냐? 이 아비와 어미, 네 형제들이 너에게 엎드려 절을 할 거란 뜻이냐?”

이 일이 있은 후 형들은 더욱 그를 미워하게 되어 마침내 요셉을 죽여버리기로 모의를 하였다. 마침내 들짐승이 요셉을 잡아먹었다고 꾸미고, 지나가는 상인들에게 돈을 받고 팔아버렸다. 그러나 그는 이집트로 팔려가 궁전 수비대 대장인 보디발의 종이 되었으나 그의 성실성과 지혜가 알려져 마침내 이집트의 총리가 되었고, 오랫동안의 흉년으로 인한 기근으로 고난에 빠진 그의 형제들과 아버지를 구하게 된다.

❖ 너를 사랑한다는 것을 알아다오

나는 어렸을 때 아버지가 무척 어려웠다. 잘못해서 매를 맞은 일은 많으나 한 번도 따뜻하게 또는 상냥하게 말을 걸어오시는 경우는 거의 없었다. 일을 같이 할 때에도 이렇게 해라 저렇게 하라는 말 이외에는 다른 말이 없으셨다. 한 번은 어디서 손금 보는 법을 배워 오셨는지 나를 불러 앉히시더니 손을 내밀어 보라고 하시었다. 손을 이리저리 들여다 보시고 고개를 끄덕끄덕하시었다. 그래서 "저의 장래가 어떻겠습니까?"라고 여쭈어 보았으나 그냥 묵묵부답이셨다. 그 당시에는 대부분의 아버지들이 유교사상에 젖어 그저 자녀들에게 근엄하기만 했다. 그래도 어떤 아버지들은 자식들과 이야기도 조근조근 하고 재미있게 지내는 사람들도 있었다. 그래서 나도 그러한 아버지가 있었으면 좋겠다고 생각했었다.

6·25전쟁 동안 안전한 곳으로 피난을 가게 되었다. 어린 나는 총상으로 팔이 자유롭지 못해 남들과

같이 빨리 걸을 수가 없었다. 길 사정이 좋지 않은 곳에 이르자 피난 대열에서 떨어지지 않도록 아버지는 나를 들쳐 업고 뛰기 시작했다. 나는 그때 따뜻한 아버지의 등을 느끼면서 '아! 우리 아버지도 나를 사랑하시는 구나'하는 생각으로 잠깐이나마 행복감에 젖었던 일이 있었다.

요사이 젊은 아버지들은 서구문화에 동화되어 아들과 마치 친구처럼 같이 뒹굴면서 장난을 하는 것을 볼 수 있다.

서구 사람들은 부인에게나 자녀들에게 항상 사랑한다는 말을 자주 하고 또 포옹을 한다든지 하면서 친밀감을 나타내는 것으로 알았다. 그런데 어느 잡지를 읽는 중에 다음과 같은 이야기를 읽고 '아니 서구 사람들도 동양 사람들과 같은 부자관계가 있는가' 하고 놀랐다.

아버지가 돌아가신 날이었습니다. 조그만 병실에서 나는 팔로 아버지를 부축하고 있었습니다. 그때 아버지는 뒤로 쓰러지셨습니다. 나는 그의 머리를 베개에 조용히 올려놓았습니다. 나는 어머니에게 말했습니다. "모두 끝났어요. 어머니. 아버지가 돌아가셨어요!" 나는 그때 어머니의 말씀을 듣고 놀랐습니다.

"그래, 아버지는 너를 얼마나 자랑스럽게 생각했는지 모른다. 너를 끔찍이 사랑하셨어."라고 첫마디에 말씀하셨습니다. 왜 그때 그런 말씀을 하셨는지 이해할 수 없었습니다.

그러나 나는 이 말이 나에게 매우 중요한 것임을 알았습니다. 이 말은 나에게 마치 섬광과 같았으며, 전에는 생각할 수 없었던 놀라운 느낌을 갖게 해주었습니다. 마치 내가 아버지께서 살아 계셨을 때보다 돌아가신 후 아버지를 더욱 잘 이해할 수 있게 되는 것 같았습니다. 그러나 그것은 내게 고통을 안겨 주었습니다.

얼마 후 의사가 죽음을 확인하는 동안 나는 방 저쪽 구석에서 벽에 기대어 조용히 울고 있었습니다. 간호원이 나에게 와서 어깨에 팔을 얹고 위로를 했습니다. 나는 눈물이 가려 말을 할 수가 없었습니다. 나는 간호원에게 이렇게 말하고 싶었습니다.

"나는 아버지가 돌아 가셨기 때문에 우는 것이 아닙니다. 나는 아버지가 나를 자랑스럽게 여기신다고 나에게 한 번도 말씀하시지 않았기 때문에 우는 것입니다. 그는 나를 사랑한다는 말씀을 한 번도 안하셨어요. 물론 나는 이러한 사실을 알았다면 좋았을 텐데. 내가 아버지의 생애와 마음속에서 중요한 사람으로 여겨지고 있었다는 사실을 알았었다면 얼마나 좋았겠습니까? 하지만 아버지께서는 한 번도 말씀 안하셨어요." (「아거스」, 1974)

다음 이야기는 가정에서 흔히 있을 수 있는 부모와 자녀 간의 갈등을 사랑으로서 지혜롭게 해결한 일화이다.

잭이 어렸을 때, 그와 그의 아버지는 여러 차례 심하게 다투었다. 그가 열일곱 살이었을 때 어느 날 그들은 특별히 심하게 다투었다. 잭은 아버지에게 이렇게 말했다.

"이제 저는 더 이상 자제할 수가 없어요. 집을 떠나 다시는 돌아오지 않겠어요." 그리고는 그는 자기 방으로 가서 가방을 꾸렸다. 그의 어머니가 그에게 가지 말라고 애원을 했지만 그는 너무 화가 났으므로 듣지를 않았다. 그는 우는 어머니를 두고 방문을 나섰다.

뜰 앞을 지나 막 대문을 나서려는 참에 아버지가

부르는 소리를 들었다.

“잭, 네가 떠나는 것에 대한 책임이 나한테 많이 있다는 것을 안다. 정말 미안하구나. 네가 언제든지 다시 집에 돌아오고 싶을 땐, 우린 너를 환영할 것이며 나도 너에게 더 좋은 아버지가 되기 위해 노력하겠다. 언제나 난 너를 사랑한다는 것을 알아다오.”

잭은 아무 말도 하지 않고 버스 정류장으로 가 멀리 가는 표를 샀다. 버스에 앉아 차가 집으로부터 점점 멀어지는 것을 보며 잭은 아버지께서 하신 말씀을 생각해보기 시작했다. 그는 아버지께서 그처럼 하기 위해서는 얼마나 많은 사랑이 필요한지를 깨달았다. 아버지는 자기에게 사과를 했다. 아버지는 그에게 다시 돌아오라고 말했고 ‘사랑한다’는 말을 남겼다. 그때서야 잭은 그 다음 일은 자신에게 달려 있다는 것을 이해했다.

자신이 평화를 얻을 수 있는 유일한 길은 아버지께서 자신에게 보여주신 것과 똑같은 성숙함과 미덕과 사랑을 아버지에게 보여주는 것임을 알았다.

잭은 버스에서 내려 돌아가는 표를 사서 다시 돌아왔다. 그는 자정이 조금 지나 도착했고 집에 들어가 불을 켰다. 아버지께서는 흔들의자에 머리를 숙이고 앉아 계셨다. 아버지께서는 잭을 보시자 의자에서 일어 나셨고 그들은 서로 부둥켜안았다. 잭이 입을 열어 말했다. “제가 집에 있었을 때가 제 생애에서 가장 행복한 때였어요.”

여기 하룻밤 사이에 성인이 된 소년이 있다. 여기 감정을 가라앉히고 자존심을 억제하여, 그의 아들을 금이 간 가족과 흩어진 가정으로 인해 자녀를 잃어버린 수많은 사람 중의 하나가 되기 전에 구해낸 아버지가 있다. 사랑이 서로를 이어주는 끈이었으며 치유제였다. 자주 느끼면서도 거의 표현하지 않는 것이 아버지의 사랑이다. (「성도의 벗」, 1988년 2월호)

❖ 부모님 은혜 가이 없어라

시경에 보면 "아버지 나를 나으시고 어머니 나를 기르셨으니, 애달프다! 부모님이시여 나를 나아 기르시느라고 애쓰고 수고하시었네. 그 은혜 갚고자 한다면 넓은 하늘처럼 끝이 없네."라고 부모님의 숭고한 사랑과 노고를 찬양하고 그 끝없는 은혜를 보답할 길이 없음을 읊고 있다.

또 부모가 자녀들을 얼마나 끔찍이 생각하고 사랑하는가를 잘 나타낸 산상억량(山上檍良)의 시를 보면 다음과 같다.

오이 먹으면 자식이 생각나네.
밤 먹으면 더더욱 자식이 생각나네.
대체 자식이란 어디서 왔단 말인고,
눈앞에 어른거려 편히 잠들 수 없네.
금도 은도 옥도 모두 무엇을 할 수 있을까 보냐?
훌륭한 보배라 할지라도 자식에 미칠 수 있을

까 보냐?

(김사엽(金思燁) 역)

부모에게 효도하는 길은 한 마디로 부모의 마음을 편하고 즐겁도록 해 드리는 것이다.

부모님들의 자녀들에 대한 사랑은 맹목적이고 헌신적이고 본능적이지만 부모에 대한 자녀들의 사랑은 그렇지 못하다. 그러기 때문에 자녀들은 부모에 대해서 특별히 마음을 써서 의식적으로 관심을 보이고 사랑을 나타내지 않으면 때로는 부모를 섭섭하게 하는 경우가 많다.

첫째, 항상 건강에 유의하여 부모에게 걱정을 끼쳐드리지 않고, 열심히 노력하여 생활에 어려움이 없어야 하고, 더 나아가 사회적으로 성공하여 부모님들의 자랑거리가 된다면 더욱 좋을 것이다.

부모의 자식에 대한 사랑은 끔찍하여 부모는 항상 자식이 어디 다칠세라 병들어 아플세라 걱정한다는 것이다. 그러므로 자식이 부모의 사랑에 보답하는 길은 자신의 몸이 상하지 않도록, 또 병이 없도록 건강에 조심하는 것이다. (「논어」 위정 6)

또 재정적으로 너무 어려워 고생하는 자식이 있다면 부모에게 심려를 끼쳐드리는 것이다. 열심히 노력하여 생활에 안정을 갖도록 하여야 한다.

효경(孝經)에서 효는 자기 몸을 다치지 않는 데서부터 시작해 나라와 사회 일을 하면서 청렴결백하고 공명정대하게 하여 덕과 공을 쌓아 후세에 명예로 남겨 부모와 조상까지 빛내는 것이 효의 극치라 했다.

둘째로 부모에게 순종하고 부모를 공경하는 것이다.

성경에도 보면 "자녀들아 너희 부모를 주 안에서 순종하라. 이것이 옳으니라. 네 아버지와 어머니를 공경하라. 이것이 약속 있는 계명이니 이는 네가 잘되고 땅에서 장수하리라."고 우리에게 권고하고 있다. (엡 6:1, 출 20:15, 딤전 5:4)

논어에 보면 "요즈음 효행이라면 물질적인 봉양만을 일러 효라 하는데 개와 말에게도 먹이를 주어 기른다. 부모를 양식만으로 봉양하고, 공경함이 따르지 못하면 개와 말을 기르는 것이나 무엇이 다르겠느냐?

집안에 무슨 어려운 일이 생기면 젊은 자식들이

그것을 맡아 처리하고 술이나 밥이 생기면 부모에게 먼저 대접하는 따위는 자식 된 도리에 누구나 할 수 있는 일이다. 그러나 부모님의 얼굴빛과 표정을 살펴서 일일이 말하기 전에 부모가 원하시는 것을 스스로 알아차려서 즐겁고 편안하게 해드리는 것이 가장 어려운 것이다.(「논어」 위정 7, 8)"고 하였다.

더 나아가서 공자가 말한 바와 같이 비록 부모가 과오를 범하는 일이 있을 경우일지라도 부드러운 말로 간곡히 권고하고 진언해야 한다. 비록 부모가 간언을 받아들이지 않을 지라도 오히려 더욱 공손한 태도로 대하고, 그러나 그 뜻을 굽히지 말고 기회를 보아서 다시 간하고, 비록 부모가 말을 듣지 않아 마음이 괴로울 지라도 부모를 미워하고 원망하지 않는다. (「논어」이인 18)

부모님이 화가 나서 질책할 때는 잠잠히 듣기만 하고 말대꾸를 하지 않는다. 후에 화가 풀리셨을 때에 자초지종을 자세히 말씀드리고 오해가 있으시면 풀도록 한다.

혹 부모님이 시키는 일이 실행할 수 없는 것이 있으면 얼굴빛을 온화하게 하고 말소리를 부드럽게 하여, 일의 옳고 그른 점과 이롭고 해로운 것을 낱낱이 말씀드리고 부모님에게 허락을 받은 뒤에 고친다. 만약에 허락을 받지 못하면 정말로 일에 크게 해로운 것이 아니면 자신의 의사와 다소 틀리더라도 굽히고 따를 것이다. (「효경」)

셋째로 부모님들이 소외감을 느끼지 않도록 한다.

젊을 때 자식을 위하여 희생한 부모들이 늙어서 망각의 세계로 버림을 받는다면 얼마나 마음에 섭섭함과 공허감을 느낄까? 옛날과 같이 조석으로 문안드리는 것은 못할 지라도 항상 부모님께 관심을 보이는 것이 필요하다. 가정의 중요한 일들은 항상 부모님과 상의하고 자문을 구한 후 이를 참고로 하여 결정한다.

연로한 부모님들에게는 특별한 관심을 보여드리고 그분들이 가족의 일원으로서 소외감을 느끼지 않도록 하여야 하며, 부모와 함께 하지 못하는 자녀들은 떨어져 계시는 부모님들에게 편지로나 전화로 가끔 안부를 묻고 사랑을 나타내야 할 것이다. 특히 생신이거나 설, 추석, 성탄절 등의 명절이거나 어버이날과 같은 특별한 날에는 우리들의 사랑을 담은 카드나 조그마한 정성이 담긴 선물을 보내드리는 것도 부모님을 기쁘게 하여 드리는 것일 것이다.

특히 연세가 많으신 부모님은 항상 신상에 무슨 일이 일어날지 모르니 부모가 살아 계실 때는 먼 여행을 삼가고, 여행을 하더라도 항상 거처를 알려 급한 일이 있으면 곧 달려와 시중을 들 수 있도록 한다.(「논어」 이인 19) 그렇게 함으로써 항상 자녀들에 의해서 보살핌을 받고 있다는 위안을 받을 수 있도록 한다.

넷째로 자녀들 간에 우애가 있어야 하고, 부부간에 다툼이 있어서는 안 된다.

형제자매들 사이에 우애하지 못하고 불화가 있을 때 가장 가슴 아파 하는 사람은 부모들이다. 특히 요사이 현대사회의 크나큰 문제점으로 대두되고 있는 이혼과 이에 따르는 자녀들의 엄청난 고통은 부모들에게 크게 심려를 끼쳐드리는 것이다. 부부 간에 어느 정도 갈등이 있다 하더라도 이로 인해 자녀들에게 미치는 엄청난 고통을 생각해 서로 양보하고 인내하며 성공적인 가정을 가꾸어 가야 한다.

다섯째, 부모가 자녀들에게 스스로 모범을 보인다.

태공은 "자신이 어버이에게 효도하면 자식이 또한 나에게 효도한다. 자신이 어버이에게 효도하지 않는다면 자식이 어찌 나에게 효도하겠는가?"라고 우리들을 가르치고 있다.

또 동양 명언에 "효순한 사람은 또한 효순한 아들을 낳으며, 패역한 사람은 패역한 아들을 낳는다. 믿지 못하겠거든 저 처마 끝의 낙수를 보라, 방울방울 떨어져 내림이 어긋남이 없다."라고 효도를 모범으로서 자식들에게 가르칠 것을 강조하고 있다.

유자는 "사람됨이 효성 있고 우애스러우면서 손위를 무시하기 좋아할 사람은 적다. 손위를 무시하기 좋아하지 아니하고 즐겨 저항하여 소란을 일으킬 사람은 없다. 효성과 우애는 인의 근본이다."(「논어」 학이 2)라고 말했다.

여섯째, 돌아가신 후에 제사를 후히 지내기보다는 살아 계실 때 효도하라.

동양 명언 중에는 "수욕정이 풍부대(樹慾靜而 風不待)요, 자욕양이 친부대(子慾養而 親不待)"라는 말이 있다. 이 말은 나무가 고요하고자 하되 바람이

기다려 주지 않으며, 자식이 부모를 공양하고자 하되 부모가 기다려 주지 않는다는 뜻이다.

연로한 부모님들은 항상 우리와 함께 하시는 것은 아니다. 우리가 부모님이 살아 계실 때 마음을 편하게 하여 드리고 좋아하시는 음식을 대접하며 가족의 일원으로서 사랑 가운데서 생활을 즐기시도록 하여 드리는 것이 돌아가신 후에 어떠한 정성을 드리는 것 보다 더 나은 것이다.

❖ 선택한 친구를 보니까

당나귀 한 마리를 사려고 하는 남자가 주인이 권하는 당나귀를 시험해 보기 위해 당나귀를 여물통이 있는 우리로 데려가 다른 당나귀들과 뒤섞이게 했다. 그러나 당나귀는 다른 당나귀들에게 등을 돌리고 무리 중에서 제일 게으르고 살찐 놈 옆으로 가서 섰다. 당나귀가 거기 서서 아무 것도 하지 않자 사내는 고삐를 당겨서는 도로 주인에게 데려갔다. 주인이 잘 시험해봤는지 묻자 그가 이렇게 답했다.

"더 이상 시험해볼 필요가 없군요. 무리 중에 선택한 친구를 보니까 어떤 놈인지 알겠군요." (「이솝우화」)

부처님이 길가에 헌 종이가 떨어져 있는 것을 보더니 한 비구에게 종이를 주우라고 하셨다. 부처님이 물으셨다.

"무엇에 쓰였던 종이인가?"

"향을 쌌던 종이인 모양입니다. 아직도 향내가 배어 있습니다."

그러고선 다시 말없이 길을 가는데 이번에는 토막 난 새끼줄이 길가에 놓여 있었다. 부처님은 그것을 주우라 하고 또다시 물으셨다.

"그것은 무엇에 썼던 새끼토막인가?"

"비린내가 나는 것으로 보아 아마도 생선을 묶었던 것인 모양입니다."

부처님은 다음과 같이 말씀하셨다.

"어떤 사람이든지 본래는 깨끗하지만 그 인연에 따라 죄와 복을 일으킨다. 어진 사람을 가까이하면 뜻이 높아지고, 어리석은 사람을 벗하면 재앙이 닥친다. 그것은 마치 종이가 향을 가까이 했기 때문에 향내가 나고, 새끼토막이 생선을 가까이 했기 때문에 비린내가 나는 것과 같다. 그러나 사람들은 무엇엔가 점점 물들어가면서도 그것을 깨닫지 못한다."

이어서 부처님은 다음과 같은 게송을 읊으셨다.

악한 사람에게 물드는 것은
냄새나는 물건을 가까이하듯
조금씩 조금씩 허물을 익히다가

자신도 모르게 악한 사람이 된다.

어진 사람에게 물드는 것은
향기를 쏘이며 가까이하듯
지혜를 일깨우며 선을 쌓아
자신도 모르게 선한 사람이 된다.
— (「법구비유경」 쌍요품)

성경에도 "지혜로운 자와 동행하면 지혜를 얻고, 미련한 자와 사귀면 해를 받느니라."는 말이 있다. (잠언 13:20)

공자도 다음과 같이 말했다.

"착한 사람과 함께 지내는 것은 난초가 있는 방에 들어간 것 같아서 시간이 지나면 새삼 난초의 향기는 맡지 못하게 될지라도 난초에 동화될 것이요, 착하지 않은 사람과 함께 지내는 것은 생선가게에 들어간 것 같아서 시간이 지나면 새삼 그 냄새를 맡지 못할지라도 역시 생선에 동화될 것이다. 학문을 좋아하는 사람과 걸으면 마치 안개 속을 걷는 것 같아서 비록 옷이 젖지는 않지만 때때로 그 물기의 배어듦이 있고, 무식한 사람과 걸으면 마치 뒷간에 앉은 것 같아서 비록 옷이 더럽혀지지는 않지만 때때로 그 냄새의 스며듦이 있다."

또 "도움이 되는 벗이 셋, 해로운 벗이 셋 있다. 정직한 벗, 성실한 벗, 박학하고 견문이 많은 벗은 도움이 되며, 편벽한 벗, 겉으로 아첨은 잘하면서 신의가 없는 벗, 말재주나 부리면서 말만 앞세우는 벗은 해롭다." (「논어」 계씨 4)

자하의 제자가 자장에게 사람과 사귐을 물었다. 자장이 되묻기를 "자하는 무엇이라 하드냐?" 자하의 제자가 대답하기를 "스승은 옳은 자와 사귀고, 옳지 아니한 자와 사귐을 거부하라 하더이다." 자장은 "내가 들은 바와 다르다. 군자는 어진 이를 존경하고 대중을 용납하며 착한 이를 어여삐 보고 능치 못한 자를 불쌍히 여기나니, 내가 크게 어질진댄 어찌 용서치 못할 사람이 있으랴? 내 어질지 못할진댄 남이 장차 나를 거부하리니, 어찌 옳고 그른 것을 가려서 사귐을 거부하랴?"고 말했다.(「논어」 자장 3)

여기서 자장은 어진 사람은 어진 사람으로 존경하여 받들되, 큰 도량을 가지고 일반 사람들과도 널리 교제를 하라는 말로, 이 경구는 깊이 사귀는 친구는 마땅히 자하와 같이하고, 널리 사귀는 친구는 마땅히 자장과 같이 하라는 교훈을 두 가지의 경우를 들어서 경계한 것이다.

친구가 되기 위한 첫째 조건은 나이가 서로 엇비슷해서 네다섯 살 차이 정도가 알맞다. 둘째, 친구란 덕을 보고 사귀는 것이니 여기에 다른 요소를 개입시켜서는 안 된다. 지위나 권력, 재산, 문벌 같은 외적인 요소들은 일절 개입시키지 말고 순수한 우정으로 접근해야 한다. 셋째, 친구란 서로 탁마(琢磨)를 통해서 자신의 부족한 면을 보완하는 것이니 될 수 있는 대로 훌륭한 친구를 사귀려고 노력하는 자세를 가져야 할 것이다.

❖ 나를 알아주는 사람은 포숙아다

관이오(管夷吾)의 자는 중(仲)이니 그는 나면서부터 용모가 걸출하고 총명이 출중했다. 널리 고금서적에 통달하고 천하를 다스릴만한 재능과 세상을 바로잡고 시대를 구제할 만한 실력이 있었다. 그는 일찍이 포숙아(鮑叔牙)와 함께 시장에 가서 생선 장사를 했다. 장사가 끝나면 관이오는 언제나 그날 수입에서 포숙아보다 배 이상의 돈을 가지고 돌아갔다. 포숙아를 따르는 사람들이 항상 불평한다.

"같이 번 돈에서 반씩 나눠 갖지 않고 관중은 배나 더 가지고 가는 구려. 그런데도 당신은 가만있소?"

그럴 때마다 포숙아는 관중을 변명했다.

"관중은 구구한 돈을 탐해서 나보다 배나 더 돈을 가지고 가는 것이 아니다. 그는 집안이 가난하고 식구가 많다. 내가 그에게 더 가지고 가도록 사양한 것이다. 그대들은 오해하지 말라."

그들의 우정은 이렇듯 지극했다. 또 그들은 일찍

이 전쟁에 나간 일이 있었다. 싸움터에 서면 언제나 관중은 후대(後隊)로 숨었다. 그리고 싸움이 끝나고 돌아갈 때엔 그는 항상 맨 앞에 서서 걸었다. 사람들은 모두 관중을 용기 없고 비겁한 자라고 비웃었다. 그럴 때마다 포숙아는 또 관중을 두둔했다.

"관중은 용기가 없거나 비겁한 것이 아니다. 그에겐 늙은 어머니가 계신다. 자기 몸을 아껴 길이길이 늙은 어머니에게 효도하려는 것이다. 어찌 관중이 싸움을 겁내리요."

그들과 함께 일을 하자니 자연 서로 의논도 해야만 했다. 간혹 관중과 포숙아는 의견이 맞지 않았다. 사람들은 관중을 심술꾸러기니 마음씨가 비뚤어졌느니 하고 비난했다. 그러나 포숙아는 언제나 관중을 변명했다.

"사람이란 누구나 때를 잘 만날 수도 있고 불우할 때도 있다. 만일 관중이 때를 만나 일을 하면 백 번에 한 번도 실수가 없을 것이다. 그대들은 함부로 관중을 비난하지 마라"

관중은 이런 소문을 들을 때마다 몹시 감사하였다.

"나를 낳아 준 사람은 부모이며 나를 알아주는 사람은 포숙아다."이것은 유명한 관중의 말로서 후세에까지 전해지고 있다.

마침내 그들은 생사를 함께 하자는 교우의 의(義)를 맺었다. 이를 후세에서 관포지교(管鮑之交)라고 한다.

후에 제양공(齊襄公)의 두 아들이 있었는데 그들 중 하나가 다음에 왕이 될 테니 하나씩 맡아 가지고 스승이 되자고 약속하고 그들 중 하나가 임금이 되면 서로 천거하여 언제든지 같은 임금 밑에서 일하자고 하였다. 그 후 관중은 공자 교의 스승이 되고 포숙아는 공자 소백의 스승이 되었다. 후에 제양공이 죽은 후 이들은 각각 자기가 맡은 공자들을 옹립하면서 대립하여 쟁패(爭霸)하던 중 공자 소백(齊桓公)이 뒤를 잇게 되자 계략을 써서 원수지간이 된 관중을 맞아들여 제환공에게 천거하고자 하였다. 그러자 관중이 말하기를

“내 원래 소홀과 함께 규를 섬겼으나 능히 규를 받들어 임금 자리에 올려 모시지 못했고, 또 능히 절개를 지켜 죽었어야 할 텐데 그렇지도 못했으니 참으로 보잘것없는 몸이라. 그런데 내가 이제 지난날을 배반하고 앞으로 원수를 섬긴다면 소홀히 지하

에서 나를 비웃을 것이오.”

포숙아가 타일렀다.

“큰일을 하는 자는 조그만 일에 신경을 쓰지 않으며, 큰 공을 세우는 자는 조그만 절개 때문에 목숨을 버리지 않소. 더구나 그대는 천하를 다스릴 수 있는 인재라. 다만 지금까지 때를 만나지 못한 것뿐이오. 이번 주공은 뜻이 크고 식견이 높으니 만일 그대를 얻어 도움을 받는다면 장차 우리 제나라를 경영해서 천하 패업(覇業)을 성취할 것이오. 공을 천하에 높이고 이름을 제후들 사이에 드날리는 것과 필부의 절개를 지켜 소용없는 죽음을 취하는 것이 어찌 같으리오.”

관중은 아무 대답도 안 했다.

그리하여 관중은 후에 제환공의 신임을 받아 제나라의 모든 것을 위임받아 혼자서 다스리다 시피 하고 오패(五覇) 중의 으뜸이 되었다.(「열국지」)

3

사랑, 자비, 봉사

❖ 사랑은 인간의 창조적인 에너지이다

독일의 유명한 심리학자요, 사회학자요, 신 프로이트주의의 대표적 인물인 에리히 프롬(Erich Fromm. 1900-1980)은 "사랑은 인간을 변화시키는 창조적 에너지요, 생산적 활동력이다."라고 하였으며, 「사랑의 기술」이라는 책에서 사랑의 5대 속성을 설명하였다.

사랑한다는 것은 첫째로 깊고 따뜻한 관심을 갖는 것이다. 사랑과 관심은 상호 비례한다. 관심을 갖는다는 말은 내가 대상에 대하여 마음을 쓰고 흥미를 갖고 주의를 기울이고 적극적으로 참여를 하는 것이다. 어떤 문제에 대하여 대화하여주고 같이 염려해주고 어려운 일을 당할 때 가서 도와줄 수 있는 것이다.

사랑한다는 것은 둘째로 존중하는 것이다. 우리가 우리의 것을 존중하는 것과 같이 남의 생명을 존중하고, 재산을 존중하고, 권리를 존중하고, 자유를 존중하고, 개성을 존중하고, 의견을 존중해야 한다. 무례히 행치 않는 것이다.

사랑은 상호 존중이다. 사랑은 남을 멸시하지 않는 것이요, 학대하지 않는 것이다. 인간은 누구를 막론하고 남이 나를 존중해주기를 바란다. 사랑은 자기중심의 이기주의가 아니다. 사랑은 이기적 지배욕이 아니다. 사랑은 독선이 아니요, 아집이 아니요, 이용이 아니다.

사랑한다는 것은 셋째로 책임감을 갖는 것이다. 사랑한다는 것은 상대방의 생명과 운명과 행복에 대하여 깊은 책임감을 갖는 것이다. 즐거운 마음으로 지치지 않고 상대방의 복리를 위하여 끝까지 봉사하는 것이다.

사랑한다는 것은 넷째로 이해하는 것이다. 사랑하는 마음을 가져야 이해하는 마음이 생긴다. 마음을 열고 남의 이야기를 들어주고, 역지사지(易地思之)로 남의 입장에 서서 생각하고 이해하여 주는 마음이 사랑이다. 서로 이해하지 못할 때 오해가 생기고 불신이 싹트고 불화가 발생한다. 이해는 신뢰를 낳고 신뢰는 화목을 가져오고 화목은 행복을 초래한다.

사랑한다는 것은 끝으로 상대방에게 먼저 주는 것이다. 부모는 자식을 사랑하기 때문에 자식에게 돈을 주고 지혜를 주고 용기를 주고 희망을 주고 기쁨을 주고 모든 것을 아낌없이 준다. 사람은 사람들 속에서 살면서 서로 정을 주고받으면서 살아가는 존재이다. 우리는 말을 주고받고 인사를 주고받고 미소를 주고받고 사랑을 주고받고 선물을 주고받으면서 살아간다.

세상에는 받기만 하고 주지 않는 자기만을 아는 욕심꾸러기의 생활이 있다. 또 주지도 않고 받지도 않는 차가운 개인주의의 인생관이 있다. 개인주의는 고독한 인생이다.

불경에 보면 가장 좋은 것은 "내가 준다, 누구에게 준다, 무엇을 준다."는 의식을 버리고 순수한 마음으로 주는 것이 무아의 보시(布施)이다. 성경에도 "너는 구제할 때에 오른 손이 하는 것을 왼 손이 모르게 하여, 네 구제함을 은밀하게 하라."(마태 6:2-4)고

하였다.

공자는 "수고로움을 피하여 사랑할 수 있으랴"(「논어」 헌문 8)라고 하였다. 좋아하는 친구, 사랑하는 애인, 가족, 자녀를 위하여 수고로움을 피하고도 애정을 베풀 수 있을까? 사랑은 희생을 두려워하지 않는다. 어머니가 자녀들에게 온갖 시중과 수고로움을 하여도 싫증내지 않는 것은 깊이 사랑하기 때문이다.

우리는 사랑이 없을 때 무관심하게 된다. 부모가 자식에 대하여, 아내가 남편에 대하여, 국민이 나라에 대하여, 직장인이 자기 일에 무관심하다면 그것은 사랑이 없기 때문이다.

사도 바울은 사랑에 대해서 다음과 같이 말하고 있다.

"내가 사람의 방언과 천사의 말을 할지라도 사랑이 없으면 소리 나는 구리와 울리는 꽹과리가 되고, 내가 예언하는 능력이 있어 모든 비밀과 모든 지식을 알고 또 산을 옮길만한 모든 믿음이 있을지라도 사랑이 없으면 내가 아무 것도 아니요, 내가 내게 있는 모든 것을 구제하고 또 내 몸을 불사르게 내어 줄지라도 사랑이 없으면 내게 아무 유익이 없느니라. 사랑은 오래 참고 사랑은 온유하며 투기하는 자가 되지 아니하며 사랑은 자랑하지 아니하며 교만하지 아니하며 무례히 행치 아니하며 자기의 유익을 구하지 아니하며 성내지 아니하며 악한 것을 생각지 아니하며 불의를 기뻐하지 아니하며 진리와 함께 기뻐하고 모든 것을 참으며 모든 것을 믿으며 모든 것을 바라며 모든 것을 견디느니라." (고전 13:1-7)

❖ 사랑은 주는 것이다

가장 바람직한 그리고 가장 행복한 인간생활은 서로 가족이나 친척이나 친구나 이웃 간에 끈끈한 사랑을 주고받는 가운데 살아가는 것이다. 우리가 남에게 사랑을 베풀고 있을 때 가슴속에 아리한 행복감을 맛보게 되고, 사는 즐거움을 느끼게 되는 것이다. 또 우리가 친구나 친척이나 가족들로부터 사랑을 받고 있을 때 마음이 기쁘고 행복을 느끼게 된다.

스페인의 교육가이고 문인인 우나무노는 "우리가 행복하기 위해서는 우리는 우리 주위에 항상 사랑할 수 있는 존재가 필요하다."라고 하였다. 그러한 존재란 직업이 될 수도 있다. 사업가에게는 사업이, 학자에게는 학문이, 예술가에게는 예술이 될 수 있는 것이다. 골프, 낚시, 등산, 바둑 등 취미생활이 그것들도 없다면 애완동물이라도 기르면서 사랑을 쏟을 대상이 있을 때 행복을 느끼게 될 것이다.

한국 사람들은 정이 많은 민족이다. 한국 사람들

처럼 친목회가 많은 나라도 드물 것이다. 학교 동창회, 종친회, 향우회 등이 있다. 우리는 이러한 모임을 통하여 소속감을 느끼고 끈끈한 정을 나눈다.

우리는 가끔 사람을 평가할 때 그 사람은 참 정이 많은 사람이라고 한다. 그는 아주 감성적인 사람이다. 지성적인 사람은 가끔 냉정하다는 말을 듣는 수가 있다. 그는 지성적이기 때문에 모든 일을 논리적으로 생각하고 합리적이다. 보통 정이 많은 사람은 합리성을 따지지 않는다. '고슴도치도 제 새끼가 예쁘다'라는 말이 있듯이, 우리가 자녀들을 볼 때 합리적이지 않다. 그 자녀가 객관적으로 예쁘게 생기지 않았어도 그 부모의 눈에는 그렇게 예쁠 수가 없는 것이다. 또 정이 많은 사람은 비합리적인 이야기도 서슴없이 하고 엉터리 같은 떼도 쓴다.

복잡한 사회와 경쟁 속에서 세련된 도시 사람들보다 자연과 함께 살아온 시골 사람들이 더 인정이 많다. 문명화된 서구 사람들보다 동양 사람들이나 아프리카 사람들이 더 인간적이다.

인간은 지성의 합리성과 감성의 비합리성을 적절하게 구사함으로서 보다 원숙한 인간관계를 갖게 되는 것 같다.

사랑한다는 것은 주는 것이다. 사랑을 받고자 하는 것보다 사랑을 베푸는 사람이 더 축복된 인생이다. 사랑의 속성을 잘 나타낸 부루스 바톤의 〈팔레스타인의 두 바다〉라는 시를 소개하고자 한다.

팔레스타인에는 두 바다가 있습니다.
그 중의 하나는 그 물이 신선하고 고기들이
그 속에서 뛰놀고
군데군데 파란 풀들이 강둑을 수놓고 있었고
나무들은 가지들을 그 위에 늘어뜨리고 있으며
그들의 목마른 뿌리들은 갈증을 씻어주는 물을 빨아먹기 위하여
강 쪽으로 뻗어 있었습니다.

예수님께서 거기에 계셨을 때 아이들이 뛰놀던 것처럼
그 강변을 따라서 아이들이 뛰놀고 있었습니다.
예수님께서는 그들이 노는 것을 보시고 좋아하셨습니다.
그분께서 우화를 이야기하실 때 그 은빛의

수면을 건너서 바라보셨을 것입니다.
그리고 멀리 떨어지지 않은 얕은 언덕들이 있는 평야에서 오천 명을 먹이셨습니다.

언덕으로부터 내려오는 요단강의 맑은 물로써 이 바다를 만듭니다.
그래서 그물은 햇빛 가운데서 깔깔거리고
그리고 사람들은 그 가까이에 집을 짓고
그리고 새들은 거기에 그들의 둥지를 틉니다.
그리고 그곳에서는 모든 종류의 생활이
행복하기만 합니다.

그 요단강은 남쪽으로 흘러서 또 다른 바다로 들어갑니다.
여기는 고기들이 뛰놀지도 않고
나무 잎들도 펄럭거리지 않으며
새들도 노래하지 않고
아이들의 깔깔거리는 웃음소리도 없습니다.
여행자들도 급한 용무가 아니면
다른 길을 택합니다.
그 물 위에는 공기가 무겁게 걸려있고

사람도 들짐승도 날짐승도 그물을 마시지 않습니다.

서로 이웃해 있는 이들 바다들 사이에
무엇이 이처럼 큰 차이를 만듭니까?
요단강 때문도 아닙니다.
그것은 똑같은 좋은 물을
양쪽으로 흘러 보냅니다.
그들이 놓여있는 땅들 때문도 아니고
그 주위의 나라들 때문도 아닙니다.
이것이 그 차이입니다.

갈릴리 바다는 요단강 물을 받습니다.
그러나 그것을 자기만 갖지 않습니다.
그곳으로 들어오는 물방울마다
새로운 물방울을 흘러 보냅니다.
주는 것과 받는 것이 똑같은 정도로
이루어집니다.

또 다른 바다는 아주 더 약습니다.
그의 수입을 욕심스럽게 쌓아 놓습니다.

결코 관대하려고 하는 충동에
마음이 흔들리지 않습니다.
받는 방울마다 자기가 갖습니다.
갈릴리 바다는 주고 그리고 살아있습니다.
다른 바다는 아무 것도 주지 않습니다.
그래서 "사해"라는 이름이 주어졌습니다.

이 세상에는 두 종류의 사람이 있습니다.
팔레스타인에는 두 바다가 있습니다.

❖ 오른손이 하는 것을 왼손이 모르게

독실한 개신교 가정에서 자라난 어느 철학자가 자기의 어린 시절을 회상하는 이야기를 쓰면서 그가 얼마만큼 순진하게 성경 말씀대로 따랐는지를 이야기하였다.

많은 사람들이 어려운 이웃들에게 구제의 손길을 주는 크리스마스 시즌에 목사님의 설교를 듣고 그동안 용돈으로 받았던 돈을 교회의 구제함에 넣기로 하였다. 교회에서 항상 듣는 일이 예수님께서는 남을 도울 때 아무도 모르게 은밀히 하라고 하였다는 말이었다.

"자선을 베풀 때에는 위선자들이 칭찬을 받으려고 회당과 거리에서 하듯이 스스로 나팔을 불지 말라. 나는 분명히 말한다. 그들은 이미 받을 상을 다 받았다. 자선을 베풀 때에는 오른손이 하는 일을 왼손이 모르게 하여 그 자선을 숨겨 두어라. 그러면 숨은 일도 보시는 네 아버지께서 갚아 주실 것이다."(마태복음 6:2-4)는 약속이었다.

그래서 그는 교회 사람들이 아무도 없는 저녁에 몰래 교회에 들어와 그의 용돈을 몽땅 구제함에 넣었다. 오른손이 하는 것을 왼손이 모르게 하느라고 왼손은 호주머니에 넣고 오른손으로 돈을 구제함에 넣었다.

다음 주일 목사님이 누군가가 지난 주일에 구제함에 돈을 넣은 사람이 있었다고 광고를 하는데 그 돈은 모두 자기가 넣은 돈뿐이었다는 이야기였다.

불교에서도 중생으로서 깨달음을 구하는 보살들이 행하여야 할 육바라밀이라는 덕목들이 있는데 그 중 첫째가는 덕목으로써 보시가 있다. 보시에는 삼시(三施)가 있는데 재시(財施)라고 해서 옷과 음식과 같은 물자를 제공하는 것, 법시(法施)라고 하여 진리에 대한 가르침을 베푸는 것, 무외시(無畏施)라고 하여 두려움을 제거시켜주는 것이 있다. 그리고 다른 사람에게 보시를 할 때, 즉 남에게 베풀면서도 그 행하였다는 의식마저도 가지고 있지 않아야 참된 보시라고 가르치고 있다.

부처는 다음과 같은 비유를 들어 보시를 할 때에

이것저것 따지지 말고 조건 없이 주라고 말하였다.

"가령 어떤 사람이 독화살을 맞았다고 하면, 가족들은 그 사람을 안정시키고 독을 제거하기 위해 즉시 의원을 불러 화살을 뽑게 할 것이다. 그런데 화살을 맞은 사람이 '내 몸에 손대지 말라. 독화살이 어느 쪽에서 날아왔고, 누가 쏘았는지 지금 살펴야 마땅할 것이다' 하면서 한참 동안 '이 화살은 무슨 나무인가, 대나무인가, 버드나무인가, 화살촉은 어느 대장간에서 만든 것인가, 강한 것인가, 부드러운 것인가, 화살의 깃은 어떤 새의 깃털인가, 까마귀 깃털인가, 솔개 깃털인가, 독수리 깃털인가, 화살촉에 묻은 독은 사람이 만든 독인가 아니면 독사의 독인가' 하고 생각한다면 이처럼 어리석은 사람은 끝내 답은 알아내지 못하고 얼마 지나지 않아 숨을 거두게 될 것이다.

보시도 마찬가지이다. 받는 자의 지계(持戒), 파계(破戒), 과보(果報)를 분별하고자 한다면 끝내 보시는 할 수 없다. 만일 보시를 하지 못하면 올바른 깨달음의 길에 이를 수가 없다.

보살마하살(수행이 높은 보살)은 보시를 행할 때 여러 중생을 자기 자식처럼 평등하게 사랑한다. 중생들을 애처롭게 여기는 마음을 일으켜 마치 부모가 병든 자식을 돌보듯이 하고, 그 마음이 환희에 차서 기뻐하기를 마치 부모가 자식의 병이 낫는 걸 보듯이 하며, 이미 보시를 하고 나서는 그 마음에서 잊어버려 마치 부모가 자식이 장성한 뒤 자립해서 살아가는 것을 보듯이 한다." 「대반열반경」 범행품(梵行品)

남에게 보시를 하는 데는 재물로만 가능한 것이 아니라고 한다. 잡보장경에 보면 무재칠시(無財七施)라는 것이 있는데 이것은 돈이 없어도 남에게 베풀 수 있는 방법을 말하고 있다.

1. 호의적인 눈빛으로 사람을 본다(眼施).
2. 호의적인 마음을 갖는다(心施).
3. 정성을 다하여 몸으로 남을 돕는다(身施).
4. 자기 자리를 양보하여 준다(床座施).
5. 묵을 곳을 마련하여 준다(房舍施).
6. 온화하고 밝은 얼굴빛으로 사람을 대한다

(和顔悅色施).

7. 칭찬하는 말, 좋은 말로 사람을 대한다 (言辭施)

러시아의 소설가 투르게네프는 들판을 거닐다 한 거지를 만났다. 거지는 "나으리 적선하십쇼."라 하며 손을 내밀었다. 그는 외투에 손을 넣었으나 지갑을 가지고 오지 않은 것을 깨닫고 "지갑을 잊어서 미안하이." 하면서 거지의 더러운 손을 덥석 잡고 악수를 했다. 거지는 "저는 이처럼 따뜻한 악수를 여느 사람한테서 받아본 일이 없습니다."며 눈물을 흘렸다. 투르게네프는 눈물을 흘리며 떠나는 거지를 되돌아보았다.

우리 조상들에겐 나름대로 이름을 드러내지 않고 공덕을 쌓는 익명의 미학이 있었다. 공덕을 쌓는데 남들이 모르게 베풀기를 하면 응분의 선과(善果)를 얻는 것으로 알았다. 장마에 징검다리가 떠내려가면 밤중에 부자 형제끼리 다리를 놓고 알리지 않음이 월천공덕(越川功德)이요, 격리된 환자의 병막(病幕) 앞에다 미음을 끓여놓고 오는 것이 활인공덕(活人功

德)이다. 헐벗은 집 나뭇가지에 옷가지 걸어놓는 것이 구난공덕(救難功德)이며, 밥을 지어 행려병자 숙소에 놓고 오는 것은 행인공덕(行人功德)이요, 공덕밭이라 하여 밭 가장자리에 묘목을 심거나 무주공산 아무 곳이건 심어놓는 것은 시탄공덕(柴炭功德)이다. 누가 했는지 알게 하면 그 공덕은 악과(惡果)로 응보 되는 것으로 알았다고 한다. (「조선일보」, 이규태 코너)

❖ 가장 보잘것없는 사람에게 해 준 것이

어느 사회에나 구걸하는 사람들은 있게 마련이다. 구라파에는 대개 거리에서 바이올린이나 다른 악기를 연주하면서 구걸하거나, 대중들이 모이는 광장에서 마술이나 재주를 부리면서 구걸하는 것을 흔히 볼 수 있다. 잠시나마 관객에게 즐거움을 선사하면서 구걸하는 것은 그런대로 자연스럽다.

우리나라에는 장애인들이 전철에서 녹음기 음악을 틀면서 구걸하거나 길거리에서 땅바닥에 엎드려 구걸하는 사람들이 있다. 그러나 국가의 경제상황이 나아져가면서 그 숫자는 점점 줄어들고는 있다. 아마도 그런 사람들은 국가에서 특별히 돌보아야 하지 않을까 생각된다.

또 그런 사람들을 볼 때 우리는 그냥 지나쳐야 하는지 아니면 호주머니를 뒤져 손에 잡히는 동전이라도 던져주어야 하는지 갈등을 일으킬 때가 많다. 가끔 신문에 보면 그들이 구걸한 돈으로 술을 마시거나 마약을 하는 경우가 많다고 한다. 결국 사람들을 속여서 동정을 얻고 그것으로 좋지 못한 습관을 기른다는 것이다. 사회복지제도가 거의 완벽하게 마련된 선진국에도 술이나 마약으로 인해 생기는 어쩔 수 없는 걸인이 있게 마련이다. 비록 그들의 잘못된 습관 때문이라 하더라도 대부분의 걸인들은 불가피해서 그렇게 구걸하리라고 본다.

예수는 곤궁에 처한 이들 이웃에게 우리가 어떠한 태도를 보여야 옳은지를 도움을 준 선한 양과 도움을 주지 않은 악한 염소에 대한 하나님의 심판의 비유를 들어 가르치고 있다.

"사람의 아들이 영광을 떨치며 모든 천사들을 거느리고 와서 영광스러운 왕좌에 앉게 되면, 모든 민족들을 앞에 불러 놓고 마치 목자가 양과 염소를 갈라놓듯이 그들을 갈라 양은 오른편에, 염소는 왼편에 자리 잡게 할 것이다.

그 때에 그 임금은 자기 오른편에 있는 사람들에게 이렇게 말할 것이다.'너희는 내 아버지의 축복을 받은 사람들이니 와서 세상 창조 때부터 너희를 위하여 준비한 이 나라를 차지하여라. 너희는 내가 굶주렸을 때에 먹을 것을 주었고 목말랐을 때에 마실 것을 주었으며 나그네 되었을 때에 따뜻하게 맞이하였다. 또 헐벗었을 때에 입을 것을 주었으며 병들었을 때에 돌보아 주었고 감옥에 갇혔을 때에 찾아 주었다.'

이 말을 듣고 의인들은 이렇게 말할 것이다. '주님, 저희가 언제 주님께서 주리신 것을 보고 잡수실 것을 드렸으며 목마르신 것을 보고 마실 것을 드렸습니까? 또 언제 주님께서 나그네 되신 것을 보고 따뜻이 맞아 들였으며 헐벗으신 것을 보고 입을 것을 드렸으며, 언제 주님께서 병드셨거나 감옥에 갇히신 것을 보고 저희가 찾아가 뵈었습니까?'

그러면 임금은 '분명히 말한다. 너희가 여기 있는 형제 중에 가장 보잘 것 없는 사람 하나에게 해 준 것이 바로 나에게 해 준 것이다' 하고 말할 것이다."

"그리고 왼편에 있는 사람들에게는 이렇게 말할 것이다. '이 저주받은 자들아, 나에게서 떠나 악마와 그의 졸도들을 가두려고 준비한 영원한 불 속에 들어가라. 너희는 내가 주렸을 때에 먹을 것을 주지 않았고 목말랐을 때에 마실 것을 주지 않았으며 나그네 되었을 때에 따뜻하게 맞이하지 않았고 헐벗었을 때

에 입을 것을 주지 않았으며 또 병들었을 때나 감옥에 갇혔을 때에 돌보아 주지 않았다.'

이 말을 듣고 그들도 이렇게 대답할 것이다. '주님, 주님께서 언제 굶주리고 목마르셨으며, 언제 나그네 되시고 헐벗으셨으며, 또 언제 병드시고 감옥에 갇히셨기에 저희가 모른 체하고 돌보아 드리지 않았다는 말씀입니까?'

그러면 임금은 '똑똑히 들어라. 여기 있는 형제들 중에 가장 보잘 것 없는 사람 하나에게 해 주지 않은 것이 곧 나에게 해 주지 않은 것이다' 하고 말할 것이다.

이리하여 그들은 영원히 벌 받는 곳으로 쫓겨 날 것이며, 의인들은 영원한 생명의 나라로 들어 갈 것이다." (마태복음 25:31-45)

❖ 이기심 없는 봉사

인간에게는 누구나 이기적인 본능은 가지고 있다. 특히 현대의 자본주의 경쟁사회는 인간 이기심의 극대화에 기반을 두고 있다. 때로는 그 이기적인 욕심이 지나쳐서 남의 이익을 해치면서까지 자기의 이익을 추구하는 경우도 있다. 어떤 사람들은 수단과 방법을 가리지 않고 금전이나 권력이나 명예를 추구하고 그들의 인생의 목적은 이러한 이기적인 욕구를 성취하는 일이다.

그러나 이 세상에서 가장 고귀하고 보람 있는 삶이란 인간에게 이기심 없는 봉사를 하는 생활일 것이다.

의사로서 어려운 병자들을 위해서 일생을 바친 사람들에게 흔히 '……의 슈바이처'라는 별명이 붙는다. 독일의 슈바이처 박사는 일생동안 암흑의 대륙 아프리카에 가서 그 흑인들을 위하여 현대의 의술을 가지고 일생을 봉사하였다. 그는 젊은 시절에 이렇게 계획을 하였다. "나는 30세 까지는 내 학문과 예술을 위하여 살기로 하자. 그리고 그 후부터는 직접 인간을 위한 봉사에 일생을 바치자." 그는 그것을 실천에 옮겼다. 그는 그의 자서전 「나의 생애와 사상」의 종장에서 다음과 같은 내용을 적었다.

"나의 인생은 나를 위해서 산 시간이 적고 아내와 어린이에게 바치고 싶은 시간도 거의 찾아볼 수 없다. 그러나 나는 축복 속에서 살고 있다. 나는 자비를 위해 봉사할 수 있었다. 나의 사업은 성공을 거두었다. 나는 여러 사람한테서 많은 사랑을 받고 친절을 경험하였다. 나에게 주어진 일체를 다만 나의 사명이라고 생각하고 감사의 희생을 바쳐야 할 것으로 나는 받아들인다. 이 모든 것이야말로 나에게 주어진 그지없는 축복이다." 슈바이처 박사는 자기가 남에게 베푼 이기적이 아닌 봉사를 통해서 생의 기쁨을 느끼고 축복으로 생각하면서 보람 있고 행복한 인생을 살았다는 사실을 알 수 있다.

경쟁이 극심한 현대사회에서도 성공하기 위해서는 이기적이 아닌 봉사정신과 신뢰가 경쟁력이다. 남에게 봉사하고 남에게 이익을 주기 위해서 의욕적인 노력을 하는 사람에게 쉽게, 그리고 자주 성공이 찾아온다. 정성을 들여 과일, 채소, 곡식 등을 생산하여 소비자들에게 질이 좋은 상품을 싼 값으로 공급하는 농부, 가치 있는 물건을 구입하여 고객에게 팔고, 다른 사람에게 이익이 될 수 있는 서비스를 하여주는 상인, 회사를 위하여 열심히 일하고, 좋은 아이디어를 내서 회사의 유익을 가져와 회사에서 없어서는 안 될 존재가 된 직장인, 그들은 성공한 사람이다. 이러한 사람들은 모두 자기의 이익에 대한 욕망보다는 소비자나 고객의 이익이나 근무하는 회사의 이익을 위하여 헌신적으로 노력함으로서 봉사와 함께 성공의 기쁨을 얻는 사람들인 것이다.

이것은 “이미 남을 위하면 위할수록 자기는 더욱 소유하게 되고, 남에게 주면 줄수록 자기는 더욱 많이 갖게 된다.”(「노자」 81장)는 역설적 진리를 생각나게 한다.

1970년도 미국 콜로라도주의 한 병원에서 나의 첫째 아이가 태어났다. 그 때 출산 전에 여러 가지 수속을 받고 출산을 위한 오리엔테이션을 받는데 파파할머니들이 임산부들을 위해 나와서 자원봉사를 하는 것을 보고 깊은 인상을 받았다. 역시 선진국 사람들은 생각하는 것이 우리와는 다르다는 것을 느꼈다.

이러한 봉사활동이 우리나라의 병원에서는 과연 얼마나 이루어지고 있는지 궁금하다.

현재 대부분의 한국 노인들은 어떻게 그들의 여가를 보내고 있는가? 노인들끼리 모여 노인정에 앉아서 이야기나 하고 화투를 치거나 장기나 바둑을 두면서 시간을 보내는 것이 아닌가. 우리도 이제는 이기심 없는 사회 봉사활동에 적극적으로 참여하는 풍토를 조직적으로 조성하여야 하는 단계에 와 있지 않을까?

❖ 네 이웃을 내 몸과 같이 사랑하라

어떤 율법교사가 일어서서 예수의 속을 떠보려고 "선생님, 제가 무슨 일을 해야 영원한 생명을 얻을 수 있겠습니까?" 하고 물었다.

예수는 "율법서에 무엇이라고 적혀 있으며 너는 그것을 어떻게 읽었느냐?" 하고 반문하였다.

"네 마음을 다하고 네 목숨을 다하고 네 힘을 다하고 네 생각을 다하여 주님이신 네 하느님을 사랑하라. 그리고 네 이웃을 네 몸같이 사랑하라"고 하였습니다.

이 대답에 예수는 "옳은 대답이다. 그대로 실천하여라. 그러면 영원히 살 수 있다"하고 말하였다.

그러나 율법교사는 짐짓 제가 옳다는 것을 드러내려고 "그러면 누가 저의 이웃입니까?"하고 물었다.

예수는 이렇게 말하였다. "어떤 사람이 예루살렘에서 여리고로 내려가다가 강도들을 만났다. 강도들은 그 사람이 가진 것을 모조리 빼앗고 마구 두들겨서 반쯤 죽여 놓고 갔다. 마침 한 사제가 바로 그 길로 내려가다가 그 사람을 보고는 피해서 지나가 버렸다. 또 레위 사람도 거기까지 왔다가 그 사람을 보고 피해서 지나가 버렸다.

그런데 길을 가던 어떤 사마리아 사람은 그의 옆을 지나다가 그를 보고는 가엾은 마음이 들어 가까이 가서 상처에 기름과 포도주를 붓고 싸매어 주고는 자기 나귀에 태워 여관으로 데려가서 간호해 주었다.

다음 날 자기 주머니에서 돈 두 데나리온을 꺼내어 여관 주인에게 주면서 '저 사람을 잘 돌보아 주시오. 비용이 더 들면 돌아오는 길에 갚아 드리겠소.' 하며 부탁하고 떠났다.

자, 그러면 이 세 사람 중에서 강도를 만난 사람의 이웃이 되어 준 사람은 누구였다고 생각하느냐?"

율법교사가 "그 사람에게 사랑을 베푼 사람입니다."하고 대답하자 예수는 "너도 가서 그렇게 하여라."하고 말하였다.(누가복음 10:25-37)

화엄경 입법계품 중에 이런 가르침이 있다.

모든 이웃을 섬기고 공양하기를 부모와 같이 하고 스승이나 성자와 같이하라. 병든 이에게는 의사가 되어주고 길 잃은 이에게는 바른 길을 가르쳐 주며 어두운 밤에는 등불이 되고 가난한 이에게는 재물을 얻게 하라.

이와 같이 모든 이웃을 평등하고 이롭게 하라. 이웃의 뜻에 따르는 것이 곧 부처님께 공양하는 일이 되고 이웃을 존중하고 받드는 것이 곧 부처님을 존중하고 받드는 일이 되며 이웃을 기쁘게 하는 것이 곧 부처님을 기쁘게 하는 일이 된다. 부처님은 자비심으로 근본을 삼기 때문이다. 그러기 때문에 이웃으로 인해 큰 자비심을 일으키고 자비심으로 인해 보리심(진리를 추구하는 마음)을 내고 보리심으로 인해 깨달음을 이루는 것이다. 그러니 이웃이 없다면 우리는 끝내 깨달음을 이루지 못 할 것이다.

또 법비유경 자인품(慈仁品)에서는 다음과 같이 가르치고 있다.

사람이 백 년 동안 살면서
천하의 귀신을 부지런히 섬기며
코끼리와 소와 양으로 제사지내도
한 번 자비를 베푼 것만 못하네.

우리나라에서는 예전에 사람이 죽으면 죽은 자의 시체를 상여에 싣고 상두군들이 메고 나갔다. 그 때 상여머리에서 요령을 흔들며 부르는 노래가 향두가(香頭歌)다. 경기도 지방의 향두가에 보면 염라대왕으로부터 심문 받는 장면이 나온다. 그 심문 가운데는 다음과 같은 내용이 나온다.

"헐벗은 이 옷을 주어 구난공덕(救難功德)하였는가. 굶주린 이 알곡 주어 걸립공덕(乞粒功德)하였는가. 중이 파는 떡을 사서 승병공덕(僧餠功德)하였는가. 깊은 물에 다리 놓아 월천공덕(越川功德)하였는가……"

이러한 공덕을 쌓은 일이 없으면 바늘지옥, 한빙(寒氷)지옥, 화염(火炎)지옥, 유황지옥, 독사지옥…… 등등으로 떨어진다. 여기 지옥행 티켓이냐 극락행 티켓이냐를 가름하는 구난, 걸립, 승병, 월천…… 공덕을 설날부터 대보름날 사이에 베풀게끔 되어 있었다.

대보름을 앞두고 마을 젊은이들은 고깔 쓰고 풍작치며 호기(呼旗)를 앞세워 집집을 돌아다니면 헌 옷이나 곡식을 내어주어 공덕을 쌓았던 것이다. 곡식을 빈다 하여 이들을 걸립배(乞粒輩)라 불렀다. 걸립배가 모은 옷과 곡식은 마을에 헐벗고 굶주린 사람들에게 고루 나누어주곤 했던 것이다.

또 이 시기에 산사의 스님들이 속세에 내려와 법고를 치고 염불을 하며 집집을 방문하며 권선(勸善)을 한다. 이때 스님은 집집에 떡을 팔고 다니는데 이를 승병(僧餠)이라고 했고 이 떡을 사는 형식으로 베푸는 시주를 떡값이라 했다.

요즈음 정치판에서 보너스처럼 과외로 주는 돈을 〈떡값〉이라 함은 바로 이 승병시주에서 비롯된 것이 아닌가 싶다.

이 떡을 아이들에게 먹이면 그 한 해 동안 병을 앓지 않는 것으로 알았다. 승병시주로 얻어간 쌀일랑 굷주린 사람에게 되돌려 주게끔 되어 있었으며 만약 되돌려 주지 않으면 병을 앓지 않게 하는 주력이 증발한 것으로 알았다. 또한 돈 많은 이들이 정월 대보름 전에 다리가 없어 나다니기 불편한 곳에 다리를 놓아주는 것으로 액을 면하는 습속이 바로 월천공덕(越川功德)인 것이다.

다리를 못 놓을 형편이면 오쟁이나 짚 섬에 돌을 담아 징검다리를 놓기라도 해야 한다. 다리 놓을 냇물이 없으면 대보름전야에 괭이를 메고 나아가 비탈길을 넓혀주고 가파른 길을 깎았으며 길 복판에 큰 돌을 치워놓음으로써 만인에게 적선을 했다.

곧 정월 전반의 보름 동안은 우리 한국인에게 이웃돕기 주간이었으며 최소한도 일 년에 한번쯤은 남에게 좋은 적선을 하지 않을 수 없게끔 풍속적으로 제재를 받고 살았던 것이다.(「조선일보」, 이규태 코너)

유가에서는 사람 사이에 주고받는 것을 의리의 기준에 따라 분명히 하라고 요구한다. 맹자가 말한 것을 보면 이에 대한 유가의 관념이 어떠한지 알 수 있다.

"의리가 아니고 정도가 아니면 지푸라기 하나도 남에게 주지 않으며 지푸라기 하나도 남에게 받지 아니한다." (「맹자」 만장)

자비나 사랑의 입장보다는 정의에 더 무게를 두고 있다.

이에 비해 노자는 다음과 같이 말했다.

"남을 위하면 위할수록 자기는 더욱 소유하게 되고, 남에게 주면 줄수록 자기는 더욱 많이 갖게 된다." (「노자」 81장)

남에게 주는 문제에 있어 도가는 유가에 비해 한 차원 높고 훨씬 융통성이 있었다고 할 수 있다.

청나라 초기 문인 중에 김성탄(金聖嘆)이라는 학자가 있었다. 집이 공자 성묘(聖廟) 옆에 있었는데 그가 태어날 때 그 성묘에서 한탄하는 소리가 났다 해서 이름을 성탄(聖嘆)으로 지었다 한다. 중국 문헌 「서상기」에 김성탄의 〈유쾌한 한때〉 33장면이 나오는 데, 바로 낭만파 인생의 세상 사는 모습을 그리고 있다.

이 분이 장마 비 때문에 절간에서 열흘간을 갇혀있었던 적이 있었는데 그 동안에 서른세 가지 인생의 즐거움을 조목조목 적어 놓고 있다. 그 몇 가지 즐거움을 옮겨 보면 다음과 같다.

저녁 먹은 후 할 일없어 무심코 옛 문갑 속을 뒤져본다. 거기에서 옛날 그에게서 돈을 빌려간 수 십장의 차용문서가 나온다. 그 빚진 사람 가운데는 이미 고인이 된 사람도 있고 살아있는 사람도 있다. 이 문서다발에 불을 붙여 타오르는 연기가 멀리 사라져 가는 것을 바라본다. 그 어찌 아니 즐거울 수 있으랴.

십 년을 만나지 못했던 옛 친구 하나가 찾아온다. 예와 다름없이 빈털터리 친구다. 이 친구 다락에 맞아 앉혀놓고 아내에게 '비녀 빼어 팔아 남편 술을 사댄 소동파의 아내처럼 술 한 병 사올 수 없나'하고 귀띔을 한다. 서슴없이 은비녀를 뽑아 팔아 친구를 대접하고도 돈이 남으니 그 어찌 아니 즐거우랴.

가난한 서생이 돈 빌리러 와 말 못하고 머뭇거리는 것을 뒤란으로 데리고 가 얼마나 필요한가 묻고 변통해 주고서 '바쁘지 않으면 한 잔 하고 가게나.'하고 '소매를 붙드니 그 아니 즐거운가.'하는 식이다.

❖ 이 은혜를 어떻게 갚지요

내가 미국에 유학하여 공부를 하는 중에 우리 큰 딸아이가 출생하였다. 그 당시 나는 어느 교회에 입교하여 교회생활을 하고 있었다. 나의 아내는 출산 후 병원에서 퇴원하여 집에서 몸조리를 하고 있었는데 퇴원한 바로 다음 날부터 교회의 부녀회원들이 돌아가며 며칠 동안 음식을 가져다주어 내가 음식을 마련하지 않아도 되었다.

아마 아기엄마가 거동이 불편한 것을 고려해서 그렇게 도와준 것 같다. 그래서 나는 "이 은혜를 어떻게 갚지요?"라고 말하면서 고마워서 어쩔 줄을 몰라 했다. 그랬더니 한 부녀회원이 "당신도 당신과 같이 어려운 처지에 있는 다른 사람에게 그것을 갚으면 되지요"라고 하는 것이었다.

그 때 나는 그 이야기를 충격적으로 받아들였다. 역시 선진국 사람들은 세련되어 있고 한 수 높다고 생각되었다. 그 때까지 나는 누가 나에게 친절을 베풀면 그 은혜를 언젠가는 그 사람에게 어떤 형태로든지 도로 갚아야 된다고 항상 생각했었다.

우리나라의 동화나 야담설화 같은 데서는 항상 은혜를 도로 갚는 이야기들이 많이 나온다. 흥부와 놀부전에도 보면 가난한 흥부 부부가 제비의 부러진 다리를 고쳐주었더니 그 이듬해 돌아온 제비가 박씨를 물어다 주어 흥부네가 부자가 되는 이야기가 있다. 그 후 수십 년이 지난 어느 날 한 수필집을 읽다가 다음과 같은 이야기를 읽고 그러한 보은의 지혜는 선진 사회에서는 이미 많은 사람들에게 알려진 것이었다는 것을 새삼스럽게 깨닫게 되었다.

인도의 독립운동가 V.P. 메논(후에 재상이 됨)이 정부에 일자리를 얻기 위해 델리시에 도착했을 때, 그는 철도역에서 돈과 신분증을 포함한 모든 소지품을 도난당했다. 그는 크게 낙담하여 걸어서 집으로 돌아가야만 할 형편이었다. 자포자기에 빠진 그는 나이가 지긋한 시크교도를 만나 자기의 고민을 이야기하고 그가 직장을 얻을 때까지 꾸려갈 수 있도록 15루피를 당분간 빌려달라고 요청했다. 시크교도는 그의 말대로 돈을 주었다. 후에 그 돈을 어디로 찾아가 갚아야 할 지 그의 주소를 묻는 메논에게 시크교도는 메논이 살아가는 동안 그를 찾아오는 어떤 어려운 입장에 처한 낯모르는 사람이 있다면 그 빚은 그에게 진 것이라고 말하였다. 낯선 사람으로부터 도움을 받았으니 다른 낯선 사람에게 갚아져야 한다는 것이었다.

이 지혜는 메논의 보좌관에게 전하여졌고 그것은 다시 그의 아들에게 그리고 다시 백인인 나에게 전해졌다.

❖ 사랑은 슬픔과 괴로움을 가져온다

부처님이 기원정사에 계실 때였다. 한 바라문이 있었는데 그는 눈에 넣어도 아프지 않을 정도로 아들을 무척 사랑했다. 그런데 아들이 갑작스럽게 병에 걸려 세상을 떠나고 말았다. 바라문이 슬퍼하는 모습은 보기에도 딱할 정도였다. 바라문은 제대로 먹지도 않고 날마다 아들의 무덤을 찾아 목놓아 울기만 하였다.

그러던 어느 날 바라문이 부처님을 찾아갔다. 부처님은 깊은 슬픔에 잠긴 바라문에게 마음이 어떠냐고 물으셨다.

"부처님, 저는 요즘 너무 슬퍼서 정신을 차릴 수가 없습니다. 제 목숨보다 더 사랑하던 자식이 어이없이 세상을 떠났습니다. 비통하기 짝이 없습니다. 슬픔 때문에 밥 한술도 제대로 삼키지 못합니다. 아름다운 옷, 향기로운 꽃도 제 마음을 달래지 못합니다. 저는 날만 새면 아들이 묻힌 무덤을 찾아 해가 질

때까지 목놓아 울뿐입니다."

바라문은 이 말을 하면서도 눈물을 뚝뚝 흘렸다.

"부모 된 이로서 그대가 슬퍼하는 것은 당연하다. 그러나 슬픔은 그대가 자식을 얻고 기뻐하던 바로 그 순간부터 기쁨과 함께 있었던 것이다. 사랑이 생기면 동시에 걱정과 슬픔, 괴로움과 번민, 온갖 번뇌가 뒤따르는 법이다."

부처님의 말씀을 들은 바라문은 이해가 되지 않았다.

"부처님, 사랑이 생기면 동시에 걱정과 슬픔, 괴로움과 번민이 따른다는 말씀은 이해할 수 없습니다. 사랑이 생기면 오히려 기쁨과 즐거움이 따라야 하지 않습니까?"

부처님은 그렇지 않다고 하셨다. 그러나 바라문은 역시 이해가 가지 않아 다시 여쭈었다. 하지만 부처님의 말씀은 변함이 없었다. 그러자 그는 이렇게 생각했다.

"부처님의 말씀도 때로는 틀리는가 보다. 아무리 생각해도 사랑이란 기쁨과 즐거움이 아닌가."

바라문은 부처님의 말씀에 고개를 갸웃거리고는 그곳을 떠났다.

길을 가던 바라문이 기원정사로 향하는 마을 어귀에서 도박에 정신을 팔고 있는 여러 사람을 보았다. 그때 바라문에게 한 가지 생각이 떠올랐다.

'노름꾼들만큼 세상물정에 밝은 사람들도 드물겠지. 부처님 말씀이 옳은지 그른지 저 사람들에게 한 번 물어봐야겠다.' 바라문은 도박판으로 가서 부처님의 말씀을 들려주고는 어떻게 생각하느냐고 물었다. 노름꾼들은 입을 모아 말했다.

"아니, 그럴 리가 있습니까? 사랑이 생기면 당연히 기쁨과 즐거움이 따르는 법이지요."

역시 자신의 생각과 같다는 것을 확인한 바라문은 두말없이 그 자리를 떠났다.

이 이야기는 입에서 입으로 전해져 온 나라에 퍼지다가 마침내 국왕의 귀에까지 들어갔다.

하루는 국왕이 왕비에게 이 이야기를 꺼냈다.

"왕비여, 부처님께서는 사랑이 슬픔과 괴로움을 가져온다고 하셨다 하오. 그대의 생각은 어떻소?"

왕비는 가만히 생각하더니 이렇게 대답했다.

"제 생각으로는 부처님 말씀이 옳은 것 같습니다. 그 말씀이야말로 참된 가르침입니다."

그러자 국왕이 고개를 가로저었다.

"왕비여, 그대가 부처님의 독실한 제자이니 스승의 말을 무조건 받아들이는 것일 테지. 어떻게 사랑에 따르는 것이 슬픔과 괴로움일 수 있는가."

"대왕이시여, 그렇다면 부처님께 사람을 보내 왜 그런 말씀을 하셨는지 일러달라고 청하심이 어떻습니까?"

국왕은 좋은 생각이라고 여겼다. 당장 신하를 불러 부처님을 찾아뵙고 이유를 알아오라고 명령했다. 부처님은 국왕의 뜻을 전해 듣고 이렇게 대답하셨다.

"지금부터 하는 말을 잘 새겨들으라. 가령 어떤 사람이 자신의 어머니를 몹시 사랑했는데 어머니가 그만 세상을 떠났다고 하자, 자식은 너무나 슬픈 나머지 정신이 나가버려 알몸으로 큰 길을 뛰어다니면서 이렇게 외칠 것이다. '여러분, 우리 어머니를 못 보셨습니까?' 자식이 하루 종일 이렇게 외치고 다니는 것은 어머니를 사랑하기 때문에 생긴 근심과 슬픔, 괴로움 탓이 아니겠는가.

또 어떤 여인이 사랑하는 자식을 잃었다고 하자. 여인은 슬픔에 겨워 머리를 풀어헤치고 길을 헤매면서 자기 자식을 살려내라고 외칠지도 모른다. 이 역시 사랑 때문에 생기는 것이 아니겠는가.

이런 일이 있었다. 아주 금실이 좋은 부부가 살고 있었는데 부인의 친정에서는 사위를 마땅치 않게 생각했다. 어느 날 친정을 방문한 틈을 타서 친정 식구들이 부인을 다른 남자에게 시집보내려고 했다. 부인이 눈치를 채고는 놀라서 남편에게 달려와 사실을 말하자, 남편은 헤어진다는 사실이 두렵기도 하고 슬프기도 했다. 남편은 울면서 아내의 손을 잡고 '어떤 일이 있어도 우리는 헤어질 수 없소. 차라리 저승에 가서 다시 만나 후회 없이 살기로 합시다.' 하고 말했다. 결국 남편이 칼을 빼들어 아내를 죽이고 자신도 목숨을 끊고 말았다. 이들 부부도 사랑 때문에 근심과 슬픔과 괴로움을 맛본 것이 아니고 무엇이겠는가."

부처님 말씀을 들은 대신은 국왕에게 그대로 전했다. 그러나 국왕은 듣기만 할 뿐 제대로 이해하지 못하는 눈치였다. 그 모습을 본 왕비가 국왕에게 물었다.

"대왕이시여, 신하 중에서 가장 믿고 총애하는 경호대장에게 무슨 변이 생긴다면 어떻게 하시겠습니까?"

"왕비여, 그런 말은 입 밖에 내지도 마시오. 만약 경호대장에게 나쁜 일이 생긴다면 나는 서럽고 비통함을 금할 수 없을 것이오. 정말이지 생각만 해도 괴로운 일이오."

왕비가 다시 물었다.

"대왕이시여, 만약 이 나라에 무슨 일이 생긴다면 어떤 마음이겠습니까?" 국왕은 생각조차 할 수 없다고 대답했다.

그러자 왕비가 다음과 같이 말했다.

"그것 보십시오. 부처님의 말씀대로가 아닙니까. 사랑하는 마음이 생기는 곳에는 반드시 온갖 번민과 고통이 함께 하지 않습니까. 대왕께서는 저를 어떻게 생각하고 계십니까?"

"나는 왕비를 누구보다 깊이 사랑하고 있소."

"저에게 만일 나쁜 일이 생겨 내일이라도 병이 들거나 세상을 떠나게 된다면 어떠하시겠습니까?" 국왕은 말만 들어도 끔찍한 듯 고개를 설레설레 저었다.

"왕비여, 생각만 해도 소름끼치는 일이오. 그런 일이 벌어진다면 나는 슬픔과 한숨으로 나날을 보낼 것이고, 내 목숨을 잃는 것보다 더 한스러운 생각이 들 것이오."

"부처님께서 말씀하신 것이 바로 그런 것입니다. 그래서 사랑이 생기는 곳에 반드시 걱정과 슬픔, 괴로움이 따른다고 말씀하신 것입니다. 부처님의 말씀은 언제나 진실하여 털끝만큼의 그릇됨도 없습니다."

국왕은 왕비의 말을 듣고 비로소 자신의 어리석음을 깨닫고 그날부터 믿음이 깊은 부처님 제자가 되었다. 「잡보장경(雜寶藏經)」

공자는 그의 가장 사랑하는 제자 안연이 젊은 나이로 죽었을 때 식음을 전폐하고 '하늘이 나를 버렸구나.' 하고 통곡하면서 슬퍼하였다.

공자의 십대 제자 중 한 사람이었던 자하는 사랑하는 아들을 잃은 뒤 큰 슬픔에 눈물을 많이 흘려 결국 눈이 멀고 말았다.

율곡은 감수성이 예민한 열여섯 어린 나이에 사랑하는 어머니 신사임당을 잃었다. 충격이 너무 컸던 나머지 율곡은 삼년상을 마치자마자 세상일을 떨쳐 버리고 금강산 마하연에 들어가 일 년 동안 수도의 길을 걸었다.

이러한 일들은 모두 사랑에는 슬픔과 괴로움이 따른다는 실례이다. 어리석은 사람은 꿈같이 달콤한 사랑에 빠져 있을 때 괴로움과 슬픔을 예상하지 못한다. 지혜로운 사람이라면 사랑은 가장 달콤한 기쁨인 동시에 가장 처절한 슬픔이라는 사실을 기억해야 하리라.

"행복 속에는 재앙이 숨어 있고, 재앙 속에는 행복이 담겨 있다." 노자가 한 말이다.

사랑과 슬픔이 둘이 아니고 행복과 재앙이 맞물려 있다면, 어떻게 세상을 사는 것이 지혜로운 삶일까.

회남자가 말한 대로 "저 몸을 지나가는 부귀와 빈천은 마치 바람이 나뭇가지를 스쳐 지나가는 순간과 같고, 내게 오는 칭찬이나 욕은 마치 모기나 등에가 물고 가는 것과 같다"는 넉넉한 마음으로 살아가는 것이 현명하지 않겠는가.

4

말

❖ 말에 실수가 없으면 곧 온전한 사람이라

이솝은 철학자 쿠잔토스의 노예였다. 어느 날 쿠잔토스가 친구 몇 명을 불러 연회를 열기로 하고 이솝에게 "제일 좋은 것을 사오라"고 명령했다.

이솝은 시장에 가서 소 혓바닥을 잔뜩 사와서 여러 가지 양념을 무쳐 요리해서 내 놓았다. 손님들은 신기한 요리에 맛있다고 칭찬해가며 먹었다. 그러나 오늘은 요리마다 혀뿐이라 손님들도 두 손을 들었다. 화가 난 것은 주인 쿠잔토스였다.

그는 "제일 좋은 것을 사오라고 일렀는데 이게 무어냐!"며 이솝에게 호통을 쳤다. 그러자 이솝은 태연스레 다음과 같이 대답했다.

"나으리, 혀보다 더 좋은 게 또 어디 있겠습니까. 혀란 진리, 이성의 기관이 아닙니까?"

이 말에 주인은 아무 말도 하지 못했다. 주인은 이솝의 재치에 새삼 감탄했다. 또 한편으로 그를 골려주고 싶은 생각이 들었다.

"그래, 그럼 내일은 제일 나쁜 것을 사오너라."고 일렀다. 그러자 이솝은 또 다시 혀만 사가지고 와서 요리해 올렸다. 이를 보고 버럭 화를 내는 주인을 향하여 이솝은 말하기를

"혀란 실수와 중상모략의 기관이 아닙니까?"

쿠잔토스는 이 말을 듣고 낄낄 웃으며 이솝을 용서해 주었다.

말이란 날이 양쪽에 있는 면도칼과도 같다. 조심해서 휘두르지 아니하면 상처만 남기기 쉽다. 선의의 말이 악의로 받아들여지는 수도 있다. 진실을 남에게 알리기 위해 쓰이는 경우도 있지만 남에게 상처를 주기 위해서 쓰이는 경우도 있다. 그러니 말처럼 달콤한 것도 없지만 말처럼 위험한 것도 드물다.

동양의 경구 중에도 말에 대한 양면성을 잘 표현한 것이 있다.

> 사람을 이롭게 하는 말은 솜처럼 따스하고
> 사람을 해치는 말은 가시처럼 날카로운 것이다.
> 사람을 이롭게 하는 말 한마디는 그 무게가 천금이나 되고
> 사람을 상하게 하는 말 한마디는 그 아프기가

칼로 베는 것 같다.

—「명심보감」

톨스토이도 "악담은 세 사람을 해친다. 즉 악담을 들은 자, 악담을 전한 자, 그리고 가장 치명상을 입은 자는 악담을 한 장본인이다."고 하였다. 악담을 들은 사람은 악담을 듣는 순간은 기분이 나쁠 것이다. 악담을 한 사람을 쫓아가서 항의를 하고 싸움을 할 수도 있다. 그러나 좀 인격적으로 원숙한 사람이라면 나에게 얼마나 질투심이 났으면 그러한 악담을 했을까 하고 실소에 붙여버리면 마음이 그렇게 괴로움을 받지 않을 것이다. 그러나 악담을 한 사람은 항상 어떤 증오감이나 악한 감정을 가지고 있어 그의 영혼을 썩게 하며 결국 육체건강에도 해를 주게 되는 것이다.

사도 야고보가 성도들 간에 서로 험담으로 분쟁을 일으키는 것을 경고하여 보낸 서신에 보면,

"우리가 다 실수가 많으니 만일 말에 실수가 없는 자면 곧 온전한 사람이라 능히 온 몸도 굴레 씌우리라. 우리가 말을 순종케 하려고 그 입에

재갈 먹여 온 몸을 어거하며, 또 배를 보라 그렇게 크고 광풍에 밀려가는 것들을 지극히 작은 키로 사공의 뜻대로 운전하나니 이와 같이 혀도 작은 지체로되 큰 것을 자랑하도다. 보라 어떻게 작은 불이 어떻게 많은 나무를 태우는가? 혀는 곧 불이요 불의의 세계라, 혀는 우리 지체 중에서 온 몸을 더럽히고 생의 바퀴를 불사르나니 그 사르는 것이 지옥 불에서 나느니라. 여러 종류의 짐승과 새며 벌레와 해물은 다 길들므로 사람에게 길들었거니와 혀는 능히 길들일 사람이 없나니 쉬지 아니하는 악이요, 죽이는 독이 가득한 것이라. 이것으로 우리가 주 아버지를 찬송하고 또 이것으로 하나님의 형상대로 지음을 받은 사람을 저주하나니, 한 입으로 찬송과 저주가 나는 도다. 내 형제들아 이것이 마땅치 아니하니라. 샘이 한 구멍으로 어찌 단 물과 쓴 물을 내겠느뇨? 내 형제들아 어찌 무화과나무가 감람 열매를, 포도나무가 무화과를 맺겠느뇨? 이와 같이 짠 물이 단 물을 내지 못하느니라." (약 3:2-12)

불가에서도 수행에서 극복하여야 할 10가지 악한 업보가 있다.

몸으로 짓는 3가지 업보로 살인, 도둑질, 음란 행위, 입으로 짓는 4가지, 험악한 말, 두 가지 말, 망령된 말, 꾸민 말, 생각으로 짓는 3가지, 탐욕, 성냄, 어리석음이 있다.

이 중에 입으로 짓는 업보, 즉 바른 말(正語)이 아닌 것으로 험악한 말, 악구(惡口)란 공연히 심술과 질투심과 증오심에 의해서 남을 헐뜯고 비방하고 욕을 하는 모든 중상모략이다.

두 가지 말, 양화(兩話)란 뱀처럼 혀가 두 개인 듯 동시에 두 가지 상반된 말은 서슴없이 지껄이는 말이다.

망령된 말, 망어(妄語)란 거짓말을 만들어 내고 허황된 생각으로 유언비어를 퍼트리는 모든 망령된 생각에서 나오는 말이다.

꾸민 말, 기어(綺語)란 비단 같은 좋은 꾸밈으로 사람의 생각을 홀리기 위해서 아첨하고 사람의 일신의 안일과 출세만을 위해서 또 일시적인 인기와 점수를 따기 위하여 엮어내는 모든 말이다.

공자님도 "말을 교묘하게 꾸미고 아첨하는 이에게 어질음이 드물다."(「논어」 학이 3)라고 하였다. 또

"말 구변과 겉모양을 교묘히 꾸미고 지나치게 공손을 가장함을 부끄러워한다."(「논어」 공야장 24)고 하였다. 이런 이는 모두 음흉한 사람이기 때문이다.

또 법비유경 언어품에 보면 다음과 같은 경구가 있다.

나쁜 말과 꾸짖는 말로
잘난 척 뽐내면서
함부로 남을 업신여기면
미움과 원한의 싹이 튼다.

공손한 말과 부드러운 말씨로
남을 높이고 공경하며
맺힘을 풀고 욕됨을 참으면
미움과 원한은 저절로 사라지리.

무릇 사람이 이 세상에 날 때
그 입 안에 도끼가 생겨
그로써 제 몸을 찍나니
그것은 악한 말 때문이니라.

❖ 새빨간 거짓말

버지니아 대학의 벨라 데파울로(Bella DePaulo)는 일상생활에서 하는 거짓말에 대해서 연구한 결과 아무도 항상 완전하게 정직한 사람은 없으며 적어도 하루에 한 가지 씩은 거짓말을 말하고, 거짓말을 하는 성향은 자연적이고, 자발적이고, 보편적인 것이라고 한다. 또한 사회적으로 더 능수능란한 사람들은 고지고식대로 말하기보다는 더 진실을 과장하는 경향이 있다. 악마는 항상 말을 술술 잘하는 사람으로서 묘사되는 이유가 있다. 능란한 것은 거짓을 낳기 때문이다. 공자도 "교묘한 말솜씨와 얼굴을 곱게 꾸민 사람 중에는 어진 자가 드물다."(「논어」 학이 3)라고 하였다.

사회학자들에 의하면 거의 모든 거짓말은 특히 가장 치명적인 거짓말은 자기 이익에 의해서 동기화된다. 이것이 소위 적응적 거짓말, 즉 벌을 피하기 위하거나 이득을 성취하기 위한 거짓말이다. 이러한 현상은 두 살 난 어린아이에게서도 나타난다.

모든 것을 정직하게 올바른 방법으로 하는 것을 정도(正道)라고 하고, 수단은 옳지 못하나 목적은 정도에 부합하는 처리 방식을 권도(權道)라고 한다. 그런데 남을 속여서 자기의 목적을 이루는 방법을 궤도(詭道)라고 한다. 손자병법에 보면 '전략은 궤도'라고 하였다. 전쟁은 남을 죽이고 자기가 살아야 하니까 동원할 수 있는 모든 수단을 동원하기 마련이다. 이것은 동물의 세계에서 흔히 볼 수 있는 일이다. 동물들이 살아남기 위하여 적이 나타났을 때 순간적으로 보호색을 띈다든지, 어떤 벌레는 자기의 모양을 나무껍질과 모양과 색깔을 같게 하여 적으로부터 발견되지 않게 하는 경우를 볼 수 있다.

또 거짓말이 동원되는 경우로는 자기 후손을 번식하기 위하여 사용하는 경우이다. 어떤 꽃은 꽃의 한 부분이 벌의 암컷의 궁둥이와 색깔과 모양을 꼭 같게 만들어져 있어 벌이 와서 짝짓기 행동을 할 때 꽃가루를 옮길 수 있도록 하는 식물도 있다. 그 외에도 생물의 세계에는 자기의 자손을 많이 번식하기 위하여 각가지 거짓말을 활용한다. 이것은 남녀관계에 있어서도 상대방에게 잘 보이기 위하여 하는 행동으로부터 시작하여 상대방의 관심을 끌 수 있는 각가지 사기술을 사용하는 것이 사실이다. 이것은 하나의 생존경쟁방식의 하나이다.

남자들은 본능적으로 자기 자식을 많이 퍼뜨리기 위하여 여자들을 갖가지 거짓말로 꼬이게 되어 있다.

정치인들의 거짓말에 대해서 「타임지」 기사를 소개하고자 한다.

인간사회에서 또 거짓말을 많이 하는 사람들은 정치인들이라는 것이 상식화되어 있다.

1976년에 전국적으로 한 여론조사에서 70%의 미국 국민은 정치인들이 항상 그들에게 거짓말을 하고 있다고 동의하였다. 국민들은 정치인들의 약삭빠르게 잘 피하는 것을 새빨간 거짓말(big fat lie)로 보고 있다. 특히 국방과 관계되는 문제에 대해서 대통령이 거짓말을 했다고 해서 비난할 수 있는가?

1960년 러시아가 게리 파워(Gary Power)의 U-2 스파이 비행기를 격추시켰을 때, 아이젠하우어 대통령을 대신하여 국무장관이 기상 연구 비행기가 항로를 벗어났다고 주장하였다.

케네디-닉슨 TV 토론에서 케네디는 “나는 에디슨

병이 없다"라고 단호하게 말했을 때 그는 그것이 새빨간 거짓말이라는 것을 알고 있다. 그러나 그는 부정하고, 부정하고, 부정했다. 케네디는 다른 사람들에게 자기가 원기왕성하지 않다는 것을 알리기를 원하지 않았기 때문에 그의 건강에 대해서 격렬하게 거짓말을 하였다.

모든 정치인들은 진실을 선택적으로 이야기한다. 즉 거짓말을 하지 않으면 안 될 것은 말하지 않는다. 그것은 법률적인 문제에 있어서의 거짓말과 도덕적인 문제에 있어서의 거짓말 간의 차이나 마찬가지이다. 거짓말을 하고 있지만 법률적으로는 거짓말에 해당되지 않는 경우가 많다. "종교와 법은 연속선상의 반대쪽에서 고기를 낚고 있다."고 전 워싱톤 법률가 스킵 매스백(Skip Masback)이 말했다.

정계에서는 거짓말은 예술적인 형태를 취하고 있으며 하나의 성장하는 산업이다. 광고회사, 로비스트, 박식한 사람들의 수가 지수적으로 증가하고 있다. 정치적 얼버무림의 예술은 일반화되었고 일상적인 거짓말은 큰 규모로 발전되었다.

진실만 말하면 세상이 너무 삭막해질 지도 모른다. 성 어거스틴은 9가지 범주의 거짓말을 열거하였다. 그것들 중의 몇 가지는 '흰 거짓말'이라는 범주에 들어간다.

미국 클린턴 대통령 뿐 아니라 거의 모든 정치인들은 천부적으로 성 어거스틴의 5번째 거짓말의 범죄자들이다. 즉 매끄러운 연설에 있어서 다른 사람들을 즐겁게 할 목적으로 하는 거짓말이다. 이것이 그러한 목적에서 나온 것이지 결코 육욕적인 것이 아니라고 함으로써 빌 클린턴은 매끄러운 윌리(Slick Willie)라는 별명을 받았다. 대통령 후보가 그 지역 주민에 따라서 그들을 기쁘게 하기 위하여 여기서는 이런 말을 저기서는 저런 말을 하는 것도 이러한 범주에 맞는 것이다.

「거짓말! 거짓말! 거짓말! : 거짓말의 심리학」(Lies! Lies! Lies! : The Psychology of Deceit)의 저자 찰스 포드(Charles Ford)는 "정치가들은 대중들의 자기기만의 대변자이다. 알면서 하던 또는 모르면서 하던 그들은 우리에게 말해달라고 요구한 것을 말한다. 그래서 대중은 클린턴에게 '우리는 진짜의 진실을 원하지 않는다. 거짓말을 해라, 그것이 사실일 것이라고 약속하겠다.'라고 말하는 것이다. 우리가 우리의 지도자들로부터 위선을 듣기를 원하기 때문에 우리가 그것을 얻는다.

이것은 부도덕에 대한 질문을 받았을 때 거짓말로 대답할 수 있다는 도덕원리를 예시하는 것이다.

❖ 네 말도 옳다

조선 시대 초기 몇 대 임금을 거쳐 영의정을 했던 황희 정승의 노복들 간에 무슨 일로 인해 다툼이 일어났다. 한 머슴이 와서 황정승에게 와서 자기의 입장을 주장하였다. 그랬더니 황정승은 "네 말이 옳다."라고 하였다. 그러자 다른 머슴이 와서 "그것이 그런 것이 아니고 사실은 이러이러 합니다."라고 자기의 주장을 이야기하였다. 그러자 황정승은 "네 말이 옳다."라고 하였다. 그러자 그 말을 듣고 있던 조카가 있다가 "숙부님, 저 사람이 이렇다고 말하니까 그 말이 옳다고 하시더니, 또 이 사람이 말하니까 이 사람도 옳다고 하시니 도대체 두 사람 중에 누구의 말이 옳습니까?"라고 했더니 "네 말도 옳다."라고 하였다는 이야기가 있다.

이것은 하찮은 일 가지고 서로 다투는 것을 풍자한 이야기이다. 여기에 장자(莊子) 칙양편에 나오는 일화로 장자가 그 당시 쥐꼬리만 한 땅 위에서 서로 제 잘랐다고 다투는 꼴을 비웃는 풍자이야기를 소개하고자 한다.

대진인(戴晋人-양나라의 현인)이 위나라 임금에게 말했다.

"이른바 달팽이라는 것이 있는데, 임금님은 아십니까?"

"알다마다!"

"그 달팽이의 왼쪽 뿔 위에 나라를 세운 이가 있는데 촉씨(觸氏)라 하고, 그 달팽이의 오른쪽 뿔 위에 나라를 세운 이가 있는데 만씨(蠻氏)라고 합니다. 그들은 가끔 땅을 빼앗기 위해 싸움을 일으켜서 사상자가 수만 명이나 되고, 달아나는 패잔병을 보름 동안이나 추격한 뒤에 돌아온다고 합니다."

"어허, 그런 거짓말을 어찌 믿는가!"

"이는 분명한 사실입니다. 임금님께서는 저 사방과 상하의 우주가 다함이 있다고 생각하십니까?"

"다함이 없다고 생각하네."

"마음이 다함이 없는 우주에 노닐던 사람이 돌아와 인간세계의 여러 나라들을 보게 되면, 그것은 극히 작아서 있는 것도 같고 없는 것도 같지 않겠습니까?"

"그야 그렇지!"

"사람이 살고 있는 여러 나라들 가운데 위나라가 있고, 위나라 가운데 그 수도 양이 있고, 양 가운데 임금님이 있습니다. 그러면 임금님께서 저 달팽이 뿔 위의 촉씨나 만씨와 다를 것이 있겠습니까?"

"다를 것이 없네그려."

대진인이 물러나가고 임금은 혼자 정신 나간 사람처럼 앉아있었다. 혜자(惠子)가 들어가 임금을 뵈었다.

임금은 말했다.

"지금 왔던 그 손님은 실로 큰 인물이다. 성인도 그를 당할 수는 없을 것이다."

다툼은 교만에서 일어난다.(잠 13:10) 노자는 "가장 좋은 것은 물과 같다. 물은 만물을 잘 이롭게 하면서도 다투지 않는다. 뭇 사람이 싫어하는 낮은 곳에 처하기를 잘하고…… 대저 오로지 다투지 아니하니 허물이 없다."고 하였다.

칸트도 "자기가 정당할 때 침묵할 줄 아는 사람은 신과도 같다."고 하였다. 비록 자기가 정당하다고 생각하더라도 한 발작 양보하여 논쟁을 피하는 것이 현명한 일이다. 다툼으로써 서로의 감정만 상할 뿐 서로 간에 아무 것도 얻는 것이 없다. 그리고 대부분의 경우 자기가 옳다고 생각하는 것도 나중에 보면 75%만이 옳다고 한다.

헤라클레스는 좁은 오솔길을 걷다가 땅바닥에 사과같이 생긴 과일이 떨어져 있는 것을 보았다. 그런데 그 이상한 과일은 헤라클레스가 발로 밟아 뭉개버리려 하자 오히려 두 배로 커졌다. 이 광경을 보고, 헤라클레스는 더 세게 밟아대며 곤봉으로 마구 쳤다. 그랬더니 물체는 부피가 엄청나게 불어나서 길을 아예 막고 말았다. 영웅 헤라클레스는 곤봉을 땅에 떨어뜨리고 망연자실한 채 그 광경을 바라보았다. 그때 아테나 여신이 나타나 말했다.

"멈추어라, 형제여. 이것은 불화와 다툼의 혼이니라. 그대로 놔두면 처음과 같은 상태로 남아 있지만, 맞서 싸우면 이렇게 부풀어 오른다." (「이솝우화」)

세상일이란 어떤 것도 '옳다. 그르다, 좋다. 나쁘다.'를 딱 잘라 가릴 수가 없다. 자기가 직접 당해보거나 내막을 알고 보면 수긍하지 못할 일이 없는데, 그렇지 못해서 시비 다툼이 생긴다. 으레 "객관적으로 보자면……"이라든지, "내 입장을 떠나서 이야기하자면……"하고 이야기하지만, 흔한 말로 개가 '꼬끼오' 못 하고, 닭이 '멍멍' 못 하듯이 누구나 결국은 자기 소리만 하게 마련이다. 모두가 다 어쩔 수 없이 자기 좋도록 생각하고 자기 편리에 따라 살뿐이다.

누구나 자기가 보고 생각한 것에 대해서는 자기도 모르게, 아주 강한 확신을 가지고 집착하게 되기 때문이다.

또 "그게 아니라……"라고 부인하거나 "그것은 옳지 않고……"라고 반박하면, 당연히 그는 자기 생각을 빼앗기지 않으려고 더욱 기세등등하게 "아니, 그건 글쎄 이렇다니까"라고 대항한다.

그러나 이런 경우에 대뜸 부정하거나 무시하지 않고 일단 "네, 그래요." 하고 수긍을 해 준다면, 그것은 어린이의 꽉 쥔 그 손에 다른 장난감을 하나 더 들려줌으로써 기왕 가진 것을 놓고 다른 걸 받아 쥐는 것과 같은 사정이 되어, '저 사람이 내가 가진 걸 빼앗지 않을까' 하는 경계심이 은연중에 저절로 풀어져 그 마음에 여유를 갖게 한다.

그러므로 옳든 그르든 어느 경우에나 (자기에게

불리하거나 맞지 않아도) 일단 "그래요"하고 수긍해 주는 것은 (상대방의 의견을 무조건 인정하는 것이라기보다는 오히려) 상대방에게 자기의 의견을 받아들일 여유를 갖게 하는 일이다.

'그래요'는 인간관계에 있어서 가장 중요한 수단인 대화의 실마리를 풀어주는 열쇠와 같은 말이다. 또한 대화에 활기를 불어넣어 합의를 만들어 내는 윤활유와 같은 말이다.

"예. 그래요." 하고 받아들여서 피차에 여유가 생겼을 때라야, "그런데 그것보다는 이러저러할 것 같은데요."라든지 "이것이 어떨까요"라든지 하는 식으로 얼마든지 자기 이야기를 충분히 할 수 있고 상대방을 납득시킬 수도 있는 것이다.

설사 어떤 어처구니없는 경우를 당해서도 "네, 그래요" 하여 상대방 말을 일단 인정하고 한 발 물러서면, 하늘을 찌를 것 같이 등등한 기세라도 이내 풀리게 마련이다.

'아니요'가 혼란과 흥분 갈등 불화의 말이라면, '그래요'는 질서와 안정과 조화와 화합의 말이다. '그래요'라는 이 짧은 한 마디만큼 우리 마음을 너그럽고 윤택하고 포근하게 하는 것도 없다. 그 한마디 말로

온 세상이 화목해지는 것이다. (김정섭, 「행복한 마음」, 김영사 1994)

성경에도 보면 "너를 송사하는 자와 함께 길에 있을 때에 급히 사화하라, 그 송사하는 자가 너를 재판관에게 내어주고 재판관이 옥리에게 내어주어 옥에 가둘까 염려하라. 또 너를 송사하여 속옷을 가지고자 하는 자에게 겉옷까지도 가지게 하며, 또 누구든지 너로 억지로 오리를 가게 하거든 그 사람과 십리를 동행하고, 네게 구하는 자에게 주며, 네게 꾸고자 하는 자에게 거절하지 말라" (마 5:25, 40-42)

"너희가 피차 송사함으로 너희 가운데 이미 완연한 허물이 있나니, 차라리 불의를 당하는 것이 낫지 아니하며, 차라리 속는 것이 낫지 아니하냐." (고전 6:10)

더 나아가서 바울 사도는 "할 수 있거든 너희로서는 모든 사람과 더불어 화목하라. 내 사랑하는 자들아, 너희가 친히 원수를 갚지 말고 진노하심에 맡기라. 기록되었으되 원수 갚는 것이 내게 있으니, 내가 갚으리라고 주께서 말씀하시니라. 네 원수가 주리거든 먹이고 목마르거든 마시우라. 그리함으로 네가 숯

불을 그 머리에 쌓아 놓으리라. 악에게 지지 말고 선으로 악을 이기라."(롬 12:18-21) 고 권고하고 있다.

❖ 그대가 졌다

미국의 제30대 대통령인 쿨리지(John Calvin Coolidge, 1872-1933)는 말이 적고 행동이 꾸밈없기로 유명한 사람이었다. 그의 치세는 1차 세계대전과 대공황(1930년경)의 사이 기간에 이루어졌다. 그의 생애는 검약과 꾸밈없는 태도, 불간섭주의로 일관했으며 치세기간 동안에 과시적인 정책이나 눈부신 업적을 남기지 않았다. 무엇보다도 그는 말이 적고 간결하기로 유명했다. 그래서 어느 날 두 여자가 쿨리지에 접근하여 왔다. 그리고 한 여자가 입을 꽉 다물고 있는 대통령에게 말했다. "쿨리지씨, 나는 지금 막 내 친구와 내기를 걸었는데, 나는 당신이 세 마디 말을 하게 할 수 있다고 하였습니다." 그러자 쿨리지 대통령은 담담하게 두 단어를 내뱉었다. "유 로스트."(You lost. "그대가 졌다.")

어떤 날 영국의 유명한 시인인 워즈워드(Wordsworth)가 시골 조그마한 별장에 있는 쿨리지씨를 방문하러 찾아갔다. 그는 아무 말도 없이 걸어 들어가 서 앉았다. 그리고는 3시간 동안에 한마디 말도 하지 않았다. 또한 쿨리지씨도 마찬가지로 한마디도 하지 않았다. 그리고는 워드워즈는 일어나서 그의 친구에게 정말 완벽한 저녁이었다고 감사하고 떠났다.

남성이라는 인간 동물은 과묵하도록 프로그램 되어있다. 누군가가 우리의 유전적 구조에 반해서 말하게 할 수는 있다. 그러나 그것은 캥거루에게 복싱을 하도록 가르치는 것과 같다. 그것은 약간은 우리를 즐겁게 할 수는 있으나 무의미한 일이다.

좀 더 나아가서 나는 남자는 서로서로 격리되도록 프로그램 되어 있고, 홀로 있는 것이 남자들의 자연적 상태라고 주장하고 싶다. 남성들 사이에서의 침묵은 서로 홀로 있으면서 이루어지는 우정의 방법이다. 남자는 한번 우정이 이루어지면 그 자체가 말이다. 적어도 우리들 사이에 있어서 우정은 분명한 것이다. 우리들이 서로 말을 하고 있지 않다는 것은 분명한 우정에 대한 감정을 서로 느끼고 있다는 표현이다. (「타임지」에서)

목사가 묘지에서 장례식 진행을 마쳐가는 중이었다. 50년 동안 함께 산 아내를 방금 떠나보낸 일흔여덟 살의 노인이 갑자기 관 위에 엎어지며 울부짖기 시작했다.

"여보 난 당신을 정말 사랑했소."

노인의 슬픔에 찬 울부짖음이 장례식의 엄숙한 정적을 깨뜨렸다. 묘지 주위에 서 있던 가족과 친구들은 당황하기 시작했다. 노인의 성장한 자녀들이 아버지를 말렸다.

"아버지, 그만 진정하세요. 다 이해해요. 이제 그만 조용히 하세요."

노인은 땅 속으로 서서히 내려가는 관에 시선을 붙들어 맨 채 꼼짝도 하지 않았다. 목사가 의식을 진행해 나갔다. 끝으로 목사는 고인의 가족들에게 장례식의 마지막 의식으로 흙을 한 삽씩 퍼서 관 위에 뿌리라고 말했다. 가족들이 순서대로 흙을 뿌렸지만 노인은 거부했다. 또다시 큰 소리로 울부짖을 뿐이었다.

"여보, 난 정말 당신을 사랑했소."

노인의 딸과 아들들이 또다시 아버지를 진정시키려고 애썼지만 노인은 계속 소리쳤다.

"난 네 엄마를 정말 사랑했다."

장례식에 참석한 사람들이 하나 둘 묘지를 떠나기 시작했지만 노인은 돌아가지 않겠다고 고집을 부렸다. 그는 무덤에 시선을 박은 채 한 발자국도 움직이려고 하지 않았다. 목사가 다가와서 말했다.

"선생의 슬픔을 충분히 이해합니다만, 이젠 댁으로 돌아가셔야 할 시간입니다. 우리 모두 일터로 돌아가야 하고 삶을 계속해야 하니까요."

노인은 비통한 어조로 울먹였다.

"아, 난 정말로 내 아내를 사랑했소. 당신은 이해 못할 겁니다."

그리고나서 그는 목사에게 말했다.

"그런데 아내가 살아 있는 동안 난 그 말을 한 번도 하지 못했소." (브라이언 카바노프, 「씨 뿌리는 사람의 씨앗」, 류시화 옮김, 열림원 1997)

5

비판, 고발, 용서

❖

❖ 허물을 들추어 말하는 자를 미워하며

어느 사업가에게 그의 건강의 비법을 물었다. “장수와 건강의 3대 요소는 정직, 즐거움, 운동이다. 인간생활에서 즐거움이 없거나 정직한 인간관계가 없이는 건강해질 수 없다.

인생살이에는 두 종류의 거짓말이 있게 마련인데 ‘검은 거짓말’은 하지 말아야 한다. 장사하는 사람이 ‘밑지고 판다.’는 식의 애교 있는 ‘흰 거짓말’은 생활의 양념이 되기도 하겠지만 남을 해치고 속이고 도둑질하기 위한 ‘검은 거짓말’은 사회의 악일 뿐 아니라 자신의 건강과 인생을 좀먹게 한다.”고 답하였다.

어느 날 왕과 왕비, 재상 세 사람이 모여 아무에게도 말하지 않은 자기 속의 비밀 이야기 하나씩을 터놓고 이야기하기로 했다. 그리고 만일 그 이야기가 진실이라면 병풍 속에 들어있는 금계가 소리치고 울 것이라 했다. 첫 번째로 왕이 입을 열었다. “나는 이 나라

정권을 장악하고 있으며 모든 것이 다 내 것이지만 때때로 백성들이 나에게 좋은 선물을 가져다주면 내 마음이 심히 기쁘다."고 말하자 금계가 울었다.

다음 재상이 입을 열었다. "나는 이 나라 재상으로 내 위에는 왕 한 사람만 있고 모두가 내 밑에 있는데 매일같이 왕좌를 바라보며 나도 한 번 저 자리에 앉아 봤으면 한다."고 말하자 금계가 울었다.

세 번째 왕비가 입을 열었다. "나는 한 지아비를 섬기는 사람이지만 어전회의 때 문무백관 중에서 잘생기고 건장한 신하가 있으면 저 사람과 교제해 봤으면 하고 생각한다."고 말하자 역시 금계가 울더라는 것이다.

진실만 말하면 세상이 너무 삭막해질 지도 모른다. 성 어거스틴은 9가지 범주의 거짓말을 열거하였다. 그것들 중에 몇 가지는 흰 거짓말이라는 범주에 들어간다. 그러한 인간성 있는 잘못은 세상을 잘 돌아가게 한다. 예를 들면 6번은 아무에게도 피해를 주지 않지만 어떤 사람들에게는 도움을 주는 거짓말이다. 이것은 어떤 사람이 유방암에 대하여 화학요법을 받고 있는 친구에게 '얼굴이 아주 좋아 보인다.'라고 말하는 것 같은 것이다.

만일 나치가 당신의 다락방에 숨기고 있는 유대인을 찾고 있다면, 그들을 보호하기 위하여 거짓말을 하여도 된다는 것이다. 대부분의 사람들이 그러한 거짓말을 하는 것은 덕이 있는 행동이라고 말할 것이다.

그러나 19세기 철학자 칸트는 그렇게 생각하지 않았다. 그는 절대주의자로서 거짓말에 대한 금지는 '지상명령(categorical imperative)'의 범례(paradigm), 즉 무조건적인 도덕률이었다. 그는 잔인하였다. 그는 안나 프랑크를 내주었을 것이다. 그러한 정직성보다는 사람들은 거짓말하는 것을 더 선호할 것이다. 결코 거짓말을 하지 않는다고 말하는 사람들은 거만하고 자기중심적인 경향이 있고, 사람들과 잘 어울리는 사람이 아니다.

'진실이고, 완전히 진실이고, 진실뿐(the truth, the whole truth, nothing but the truth)'이라는 말은 인간사회에서 불가능한 일이다. 카뮈의 「이방인」에서 뫼르소는 거짓말을 할 수 없어서 처형되었다. 도스토엡스키의 「백치」에서 미쉬킨 왕자는 그가 만나는 모든 사람들에게 재앙을 가져오는 완전한 정직성의 인간이다.

자공이 "군자도 또한 미워하는 일이 있습니까?"라고 공자에게 물었다. "미워하는 일이 있다. 사람의 허물을 들추어 말하는 자를 미워하며, 용맹할 뿐 예를 모르는 자를 미워하며, 과감하나 도리에 통치 못하는 자를 미워한다. 사야, 너도 또한 미워하는 일이 있느냐?" 자공이 "추측하여 안다하는 자를 미워하며, 불손함을 용맹이라 하는 자를 미워하며, 남의 비밀을 들추어냄을 정직이라 하는 자를 미워하나이다."라고 하였다. (「논어」 양화 24)

우리가 다른 사람들의 외모나 행동의 이상한 것을 진실대로 말하지 않고 예의를 지키는 것은 그것으로 다른 사람과 문제를 일으키지 않기 위한 것이다.

공자도 "정직한 것에 예가 없으면 잔혹하게 된다." (「논어」 태백 2)고 하였다.

❖ 아비는 자식을 위하여 숨기고

영국에서는 아무도 보지 않은 장소에서 저지른 불법도 거의 고발된다는 것이 상식이 돼 있으리만큼 고발정신이 왕성하다. 미국에서도 옆집에서 아이를 때리면 바로 고발이 들어가 경찰이 와서 아이를 데려가 부모와 격리시켜 보호한다고 한다. 그 부모로부터 아이의 양육권을 박탈하고 벌금을 낸 후에 아이를 다시 찾아가도록 한다.

또 주택지구에서 자기 집 잔디를 깎지 않고 내버려두거나 주위 환경을 지저분하게 하여 옆 집 사람들에게 혐오감을 느끼도록 하여도 바로 고발이 들어간다. 그렇게 함으로써 주의의 모든 사람이 감시자가 되어 사회가 건전하게 유지된다.

그러나 우리나라에서는 고발정신이 결여되어 있을 뿐 아니라 잘못된 것을 고발하더라도 사정당국에서 귀찮아하고 아무런 조치를 취하지 않는 것이 보통이다.

옛날에는 사회 자체가 조그마한 마을 단위로 되어

있어 마을에서 못된 짓을 하면 체면을 깎이게 되어 견제를 받았다. 그러나 지금은 사회가 달라지고 옛날과 같은 이웃의 개념이 없어지고 개인주의가 팽배하여 남이 잘못하는 일을 보고 지적했다 망신을 당하는 경우도 있다.

요사이 우리나라에서는 교통법규를 잘 지키지 않기 때문에 교통법규를 위반하는 차량을 사진을 찍어 고발하면 보상금을 받게 되어 있다. 아마도 이 제도는 교통법규를 어기면 꼭 적발된다는 시민들의 의식이 어느 정도 바뀌어지게 될 때까지 계속되어야 하지 않을까?

내가 미국에 유학하고 있을 때 가끔 사소한 교통법규를 위반할 경우가 있었는데 공교롭게도 그 때마다 꼭 적발되곤 하여 미국의 경찰들의 체크시스템이 빈틈없이 이루어지고 있다는 사실을 알고 감탄하였다. 한 번은 토큰주차기에 주차한 후 IRS(국세청) 사무실에 세금환급서류를 제출하려고 갔는데 주차가능시간보다 약간 늦어지게 되어 그냥 일을 끝내고 갔더니 주차위반 티켓이 붙어 있었다.

또 한 번은 귀국할 준비를 하면서 교수주차 구역에 잠깐 차를 세워두고 연구실에 들어가 짐을 들고 나온

사이에 티켓이 붙어있었다.

한 번은 친구들과 함께 콜로라도 스프링(Colorado Spring)에 놀러 갔다가 밤 12시가 넘은 시간에 도착하여 실험실에 실험을 체크하고 오려고 급하게 서둘다 한가한 주택가에서 스톱사인을 그냥 지나쳤더니 그 늦은 시간에 경찰차가 어디서 보고 오는지 바로 쫓아와 적발된 일이 있다.

물론 우연하게도 나의 경우 위반할 때마다 적발되었겠지만, 그 도시가 범죄가 많은 큰 도시와는 달리 조그마한 대학촌이어서 경찰인력이 충분하였기 때문인지는 몰라도 그들의 체크시스템이 잘 되어 있는 것은 사실이다.

우리나라에서는 교통경찰이 그렇게 빈틈없이 교통위반을 적발하지 못하는 것은 물론, 때로는 교통위반을 하는 것을 보고도 멀거니 바라보고만 있는 경우도 드물지 않다.

얼마 전에 한 판사 부인이 퇴폐술집에 다니는 남편을 신문사에 고발한 일이 있었다. 사회정의 측면에서 고발한 것은 잘한 일이지만 동심일체인 아내가 고발했다는 것이 과연 가족윤리 면에서 볼 때 올바른 일인지 한 번 생각해 볼일이다. 정의를 강조하는 서양 같은 이동사회에서는 그런 것이 당연한 것으로 받아들여지고 있으나, 동양과 같은 정착사회에서는 전통적으로 인륜에 어긋나는 것으로 받아들여져 왔다. 물론 한국에서도 현재와 같이 이동사회로 변해오면서 정의에 무게가 더해왔다. 근대화란 옳다고 생각하는 가치관이 가족윤리에서 사회정의로 옮겨가는 과정이라 할 수 있다. 가족윤리인 삼강(三綱)과 오상(五常)은 사회의 정의를 위한 것이라면 손상을 입어도 된다는 생각이 젊은 층일수록 팽배해가고 있다.

「지낭」이라는 중국 문헌에 이런 이야기가 있다. 남송시대에 호정계라는 이가 주부로 일하고 있는데 한 여인이 나타나 자기 시어머니가 당시 엄금하고 있던 밀주를 했다고 밀고를 했다. 이에 호주부는 이 여인에게 '시어머니께 효도를 하고 있는가라고 묻자 효도를 하고 있다'고 대꾸하는지라 '그럼 네가 시어머니 대신 매를 맞는 게 좋겠다.' 하고 실컷 매질을 했다.

조선왕조는 인륜지상주의 시대로 아들은 아버지

의, 아내는 남편의, 종은 상전의 불의 부정을 고발하거나 또 관에서 불러다 고발시키면 오히려 고발하고, 고발시킨 편에 죄를 주어 다스렸다. 인조 때 있었던 일이다.

대흥산성에서 공금인 관가의 은을 훔친 혐의자가 잡혔다. 포도청에서는 이 혐의자의 열두 살 난 아들을 데려다가 아버지의 은 훔치는 사실을 고발토록 유도한 것이다. 이에 좌의정 남구만은 '벽을 뚫고 은을 훔치는 일은 작은 일이고, 아들로 하여금 아비를 고발시킨 일은 큰일이다.'고 판결하고 오히려 문초한 형리들을 처벌했다고 한다.

논어에 다음과 같은 이야기가 있다.

> 섭공이 공자에게 말했다. "우리 향당(鄕黨)에 직궁이란 자가 있어 마음이 바르고 곧아 그 아비가 양을 훔치자 아들로써 스스로 고발하였나이다." 그러자 공자는 "우리 향당의 곧은 자는 그 같지 아니하여 아비는 자식을 위하여 숨기고 자식은 아비를 위하여 숨깁니다. 진실로 곧음이란 그 가운데 있사옵니다." (「논어」 자로 18)

결국 공자님의 사상이 동양사회의 윤리척도가 되었던 것 같다. 역시 서양사회는 정의가 우선하는 사회요, 동양사회는 정과 사랑이 우선하는 사회인 것 같다.

❖ 네 눈 속에서 들보를 빼어라

먼 옛날 프로메테우스가 사람을 만들 적에, 자루 두 개를 사람에게 매달았다. 자루 하나에는 타인의 결점을 넣어 사람의 앞쪽에 걸었고, 다른 하나에는 우리 자신의 결점을 넣어 뒤쪽에 매달았다. 그 결과 사람들은 남들의 결점이 든 자루는 잘 보지만, 자신의 결점이 든 자루는 잘 보지 못하게 되었다. (「이솝우화」)

자신의 결점에는 눈멀고, 상관도 없는 남의 결점만 왈가왈부하는 멍청이를 꼬집는 이야기이다.

우리가 남의 결점을 보게 되는 이유를 보면 다음과 같다.

첫째로 질투심을 들 수가 있다. 사람은 누구나 자기가 제일 중요한 존재가 되고 싶어하기 때문에 생기는 질투심으로 인해 남의 결점을 찾게 되는 것이다. 자기보다 똑똑하고 완벽한 사람이 주위에 있어서는 마음이 편치 않다. "사람은 제 잘난 맛에 산다."는 말이 있다. 누구든지 자기가 남보다 낫다고 생각을 하는 것이다. 동물들은 처음에 다른 상대방을 만나면 저놈이 나보다 기운이 센가를 본다. 그래서 자신이 없으면 슬그머니 꼬리를 내리고 달아난다. 사람들은 모르는 사람끼리 서로 대면하면 상대방을 외모로, 의복으로 또는 몸에 붙이고 있는 귀금속으로 평가한다. 그래서 나보다 나아 보이면 혹 무슨 약점이 없나 하고 살피게 되는 것이다. 그러나 인간은 어떤 사람도 완전한 사람은 없다. 사람에게는 장점도 있고 약점도 있다. 우리는 그의 장점을 보고 그와 사귀면 되는 것이다.

제우스는 황소를 만들었고, 프로메테우스는 인간을 만들었으며, 아테나는 집을 지었다. 세 신은 모모스를 불러 자신들이 만든 작품을 품평해달라고 부탁했다. 모모스는 세 사람의 작품에 샘이 나서, 제우스한테 황소가 뭔지도 모르고 무작정 들이받지 않도록 뿔에다 눈을 만들었어야 하는 거라고 트집을 잡았다. 또한 프로메테우스의 작품인 인간을 보고는 사악한 본성이 만천하에 드러날 수 있도록 마음을 몸밖에다 붙이지 않았다고 흠을 잡았다. 그리고 아테나에게는 옆집에 마음에 들지 않는 사람이 이사 오면 금방 이사 갈 수 있도록 집에다 바퀴를 달아야 한다고 우기는 것이었다.

제우스는 모모스의 쩨쩨한 질투에 분통이 터져서, 그를 올림포스에서 추방해버렸다. (「이솝우화」)

아무리 훌륭한 걸작이라도 꼬투리를 잡을 여지는 있다는 이야기이다.

둘째는 자만심이다. 상대방을 낮추고 자기를 높이려고 하기 때문이다. 인간사회는 경쟁사회이기 때문에, 경쟁되는 상대에 대해서 항상 기회만 있으면 상대방을 헐뜯음으로써 상대방을 깎아 내리고 자기를 높이려고 하는 것이 인간의 심리이다. 때로는 어떠한 수단과 방법을 가리지 않고 이러한 비열한 수법을 사용하여 상대방과의 경쟁에서 승리를 쟁취하려고 하기도 한다.

남을 패망시키고 남을 조롱하고 비판함으로써 쾌감을 얻는 것을 하나의 재미로 생각하는 사람들이 있다.

셋째는 자기가 미워하는 특정한 사람이 한 일에 대해서는 편견을 갖고 있거나 비판적이기 때문이다. 서양 명언 중에 “사랑은 장님이고 질투는 너무나 많은 것을 본다.”라는 말이 있다. 우리가 어떤 사람에게 사랑이 있으면 그가 하는 것이면 모두 좋게 보이지만 미운 생각이 있으면 하는 짓마다 밉게 보이는 것이다. 그가 하는 일이라면 무엇이든지 사사건건 비판적이 되는 것이다.

넷째는 자기의 잘못을 가리기 위해 다른 사람을 탓하는 수가 많다. 우리나라 속담에 “잘되면 내 탓이요, 잘못되면 조상 탓이다.”라는 말이 있다. 어떤 일이 잘못 되었을 때 자기의 잘못은 생각지 않고 그것을 다른 사람의 잘못 때문이라고 자기의 잘못을 전가하려고 하는 마음에서 다른 사람의 결점을 찾게 되는 것이다.

옛날 어느 대사가 시주를 받으러 여러 마을을 돌아다녔다. 어떤 마을에 가면 한 집은 생활이 꽤 어려운 것 같은데 밖에서 들으면 항상 웃음꽃이 피고 가족들이 화목하고 화기애애한 가운데 생활하는데, 다른 한집은 재산도 있고 생활이 넉넉하여 별문제가 없을 것 같은데 밖에서 들으면 항상 큰소리가 들리고 가족 간에 다툼이 있고 불화하여 행복하지 않았다. 그래서 하루는 그 가정들을 엿보기로 하였다. 그랬더니 한 집은 무슨 잘못한 일이 있으면 가족들이 서로 자기 잘못이라고 일이 잘못된 책임을 자기가 맡아 지니까 그 가정에 다툼이 일지 않고 모든 것이 원만하게 수습되더라고 하였다. 또 다른 집에 가서 엿보았더니 무슨 잘못이 있으면 서로 자기 잘못이 아니고 남의 잘못이라고 남의 탓으로 돌리니까 항상 다툼이 일고 불화하였던 것을 알 수 있었다고 한다.

다섯째는 다른 사람의 잘못을 지적함으로써 자기의 잘못을 정당화하려고 애쓰는 마음에서 남의 결점을 찾는 것이다.

어떤 사람이 그 가정에서 가보로 전해 내려오던 고려자기를 잘못하여 깼다. 그 고려자기는 마침 항상 놓아두는 곳에 있지 않았다. 가족 중 누가 그것을 옮겨 놓았던 것이다. 그것을 깬 사람은 누가 그것을 그 곳으로 옮겨 놓았느냐고 추궁하였다. 그때 그 집에 부인이 있다가 집에 쥐가 들어와 쥐를 쫓느라고 그것을 옮겼다고 하였다. 그러자 그 남편은 어떻게 해서 쥐가 집으로 들어 왔느냐고 추궁하였다. 쥐는 막내가 현관문을 열어놓아 밖에서 들어왔다.

그 가보를 깨게 된 첫째 번 동기를 보면 그것이 있던 곳에 놓아두지 않고 다른 곳으로 옮겼기 때문이다. 그래서 그 고려자기를 옮긴 사람이 책임이 있는 것이다. 자기를 옮긴 것은 쥐를 잡느라고 그랬기 때문에 쥐가 들어 온 것이 잘못된 것이다. 자기를 깬 것은 쥐 때문이다. 쥐를 집안으로 들어오게 한 것은 막내이다. 막내가 현관을 열어 놓았기 때문이다. 그렇게 생각하면 현관문을 열어 놓은 막내 때문에 자기를 깨게 된 것이다. 이런 식으로 도자기를 깬 잘못을 다른 사람에게 전가하려고 하면 결국 누가 잘못하여 도자기를 깬 것이 되는가.

도자기를 옮겨놓은 그의 부인인가? 들어온 쥐인가? 현관문을 열어놓은 막내인가? 이렇게 해서 자기의 잘못은 생각지 않고 그것을 다른 사람의 잘못이라고 전가하려는 것이 우리 인간들의 심리이며 그렇기 때문에 자기의 잘못을 다른 사람으로부터 찾게 되는 것이다.

여섯째는 다른 사람이 나에게 한 나쁜 일에 대해서 복수하려고 하거나 용서하지 않고자 하는 마음에서 남의 결점을 찾는 것이다.

성경에도 보면 “비판치 말라 그리하면 너희가 비판을 받지 않을 것이요 정죄하지 말라 그리하면 너희가 정죄를 받지 않을 것이요 용서하라 그리하면 너희가 용서를 받을 것이요 주라 그리하면 너희에게 줄 것이니 곧 후히 되어 누르고 흔들어 넘치도록 하여 너희에게 안겨 주리라 너희의 헤아리는 그 헤아림으로 너희도 헤아림을 도로 받을 것이니라. 어찌하여 형제의 눈 속에 있는 티는 보고 네 눈 속에 있는 들보는 깨닫지 못하느냐 너는 네 눈 속에 있는 들보를 보지 못하면서 어찌하여 형제에게 말하기를 형제여 나로 네 눈 속에 있는 티를 빼게 하라 할 수 있느냐 외식하는 자여 먼저 네 눈 속에서 들보를 빼어라 그 후에야 네가 밝히 보고 형제의 눈 속에 있는 티를 빼리라” (눅 6:37-38, 41-42)고 가르치고 있다.

❖ 악으로 악을 갚지 말고

용서는 스트레스를 완화시켜주고 혈압과 심박동을 안정화시키는 효과가 있는 것으로 밝혀졌다. 미국 미시건주 홀랜드에 있는 호프대학 연구팀은 과학 전문지 〈심리과학〉에 이 같은 보고서를 ABC-TV가 2001년 4월 3일 전하였다.

다른 사람의 부당한 행동으로 마음의 상처를 받은 71명의 대학생들을 대상으로 실시한 실험결과 마음의 상처를 준 상대방을 용서하지 않은 채 증오심을 느끼는 상태를 16초 동안 유지하게 하고, 이어 상대방을 용서하는 기분을 역시 16초 동안 지속하게 하면서 심박동, 혈압 등을 조사하였다. 증오심을 품고 있는 사이 일초 당 1.75회가 정상인 심박동이 2.6회로 올라가고 혈압이 2.5mm/Hg 상승하였다. 그러나 용서하는 마음을 가졌을 때는 심박동이 0.5회 떨어지고 혈압도 내렸다.

「화가 죽음을 부른다」는 책을 쓴 듀크대학의 레드

포드 윌리암스 박사는 이날 ABC-TV 〈굳모닝 아메리카〉 프로에서 화를 부채질하는 스트레스 호르몬 코르티솔이 혈관을 조금씩 찢는다는 연구 결과가 점증하고 있다고 밝혔다.

그는 화를 내면 실제로 심장으로 가는 동맥의 내막에 흠집이 발생하며 이 흠집들은 아물지만 밤낮으로 화가 계속되면 이 흠집들이 수리될 시간이 없어서 결국에는 심장마비로 이어질 수 있다고 설명했다.

바울 사도는 로마에 있는 성도들에게 권고하기를 "아무에게도 악으로 악을 갚지 말고 모든 사람 앞에서 선한 일을 도모하라. 할 수 있거든 너희로서는 모든 사람으로 더불어 평화하라. 내 사랑하는 자들아 너희가 친히 원수를 갚지 말고 진노하심에 맡기라. 기록되었으되 원수 갚는 것이 내게 있으니 내가 갚으리라고 주께서 말씀하시니라.

네 원수가 주리거든 먹이고 목마르거든 마시우라. 그리함으로 네가 숯불을 그 머리에 쌓아 놓으리라." (롬 12:17-20)고 하였다.

우리가 해를 받은 사람에게 보복을 하려는 사람은

비참한 마음으로 살게 된다. 우리가 남을 미워할 때 미움을 받는 사람은 아무렇지도 않으나 미워하는 사람은 자기 몸속에 독을 뿜어 오히려 자기 몸을 상하게 한다.

실제적이거나 가상적인 것이든 잘못한 일에 대해서 다른 사람을 용서하는 것은 용서받는 사람보다는 오히려 용서하는 사람에게 흔히 더 유익을 가져다준다. 인간이 짊어질 수 있는 가장 무거운 짐의 하나가 남을 원망하는 것이다. 남의 잘못을 용서하지 않는 마음은 흔히 비통함이나 증오심이 수반되게 마련이며 그 사람은 비통함이라는 독약을 씹고 있는 사람과 같아서 그 독이 미워하는 상대방을 해하는 것이 아니라 자기 자신을 조금씩 조금씩 병들게 하는 것이다. 또한 그러한 감정은 가시가 되어 그러한 감정이 떠오를 때마다 자기를 찌르게 되는 것이다. 바울사도의 말처럼 원망하는 마음을 버리고 상대방에게 오히려 더욱 친절하게 대한다면 상대방이 오히려 울화가 치밀게 될 것이다.

독일의 철학자이자 신학자인 스피노자는 "해를 끼친 사람에게 보복을 하려는 사람은 비참한 상태에서 살게 된다. 그러나 사랑으로 질투심을 물리치려고 노력하는 사람은 기쁨과 확신을 가지고 싸우는 사람이다. 그는 동시에 여러 사람을 대적할 수 있으며 요행을 의지할 필요가 없다. 그가 정복하려한 사람도 기꺼이 손을 들게 되는데 이는 그가 힘을 잃어서가 아니라 힘을 얻었기 때문인 것이다."라고 하였다.

우리가 다른 사람을 용서하지 못한다면, 우리생활은 분노와 불쾌한 감정으로 중독 될 수도 있다. 상처로 굳어버린 감정은 누적되어 더 커지게 되고, 한때는 사랑했던 관계가 복구되기 어려울 정도로 손상을 입을 수도 있다.

❖ 몇 번이나 용서하여 주리이까

구약에서는 '눈은 눈으로 이는 이로 사람을 죽이면 그 사람을 죽이라.'고 되어있다. 그러나 예수 그리스도는 "또 눈은 눈으로 이는 이로 갚으라 하였다는 것을 너희가 들었으나, 나는 너희에게 이르노니 악한 자를 대적지 말라 누구든지 네 오른편 뺨을 치거든 왼편도 돌려 대며 또 너를 송사하여 속옷을 가지고자 하는 자에게 겉옷까지도 가지게 하며 또 누구든지 너로 억지로 오리를 가게 하거든 그 사람과 십리를 동행하고 네게 구하는 자에게 주며 네게 꾸고자 하는 자에게 거절하지 말라.

또 네 이웃을 사랑하고 네 원수를 미워하라 하였다는 것을 너희가 들었으나 나는 너희에게 이르노니 너희 원수를 사랑하며 너희를 핍박하는 자를 위하여 기도하라.

이같이 한즉 하늘에 계신 너희 아버지의 아들이 되리니 이는 하나님이 그 해를 악인과 선인에게 비취게 하시며 비를 의로운 자와 불의한 자에게 내리우심이니라.

너희가 너희를 사랑하는 자를 사랑하면 무슨 상이 있으리오. 세리도 이같이 아니하느냐 또 너희가 너희 형제에게만 문안하면 남보다 더 하는 것이 무엇이냐 이방인들도 이같이 아니하느냐 그러므로 하늘에 계신 너희 아버지의 온전하심과 같이 너희도 온전하라."(마 5:38-48)고 하였다.

베드로가 나아와 가로되 "주여 형제가 내게 죄를 범하면 몇 번이나 용서하여 주리이까 일곱 번까지 하오리까?" 예수께서 가라사대 "네게 이르노니 일곱 번 뿐 아니라 일흔 번씩 일곱 번이라도 할지니라."(마 18:21-35)고 하였다. 그리고 다음과 같은 우화를 들어 용서에 대해서 설명하였다.

일만 달란트(약 65억 원) 빚진 종 하나가 주인 앞에 끌려왔으나 갚을 것이 없었다. 주인이 명하기를 "그 몸과 처와 자식들과 모든 소유를 다 팔아 갚게 하라." 하였다. 그 종이 엎드리어 절하여 가로되 "조금만 참아주십시오. 곧 다 갚아드리겠습니다." 하니 그 종의 주인이 불쌍히 여겨 그를 놓아 보내며 그 빚을 다 탕감하여 주었다. 그 종이 나가다 제게 백 데나리온(약 만원) 빚진 동료 하나를 만나 붙들어 목을 잡고 말하기를 "내게 진 빚을 갚으라."하자 동료가 엎드리어 간구하여 가로되 "꼭 갚을 터이니 조금만 참아주십시오" 하고 애원하였으나 허락하지 아니하고 그 동료를 끌고 가서 빚을 갚도록 옥에 가두어 버렸다. 그의 동료들이 그것을 보고 심히 민망하여 주인에게 가서 그 일을 다 고하였더니 이에 주인이 저를 붙들어다가 말하기를 "이 악한 종아 네가 빌기에 네 빚을 전부 탕감하여 주었거늘 내가 너를 불쌍히 여김과 같이 너도 네 동료를 불쌍히 여김이 마땅치 아니하냐?" 하고 주인이 노하여 그 빚을 다 갚도록 저를 옥졸들에게 넘겨주었다.

그 말씀을 마치시고 예수님께서는 "너희가 각각 진심으로 형제를 용서하지 아니하면 내 천부께서도 너희에게 이와 같이 하시리라."(마태 18:21-35)고 훈계하였다.

불경에도 보면 "가령 어떤 사람이 원수를 자기 부모처럼 여겨 두 마음을 갖지 않으면 모든 미혹이 제거되리라."(원각경 11장 보각보살)고 가르치고 있고,

노자에도 "원망을 덕으로 갚아라(報怨以德)."는 말이 있다. 예수님의 가르침과 서로 맥이 통하는 말이다. 그러나 공자는 좀 더 현실적이다.

어느 날 자공(子貢)이 "인생의 좌우명으로 무슨 말이 제일 좋겠습니까?"고 물었다. 이 때 공자는 "서(恕)라는 말이 좋겠다. 이것은 내가 남으로부터 당하기 싫은 일을 내가 남에게 하지 않는 것이다."(「논어」 위령공 23)라고 대답했다. 서란 어진 마음으로 남을 동정하고 남의 잘못을 너그럽게 용서해주는 것을 뜻한다.

또 어느 날 공자에게 "원한에 대하여 덕으로 보답한다는 것은 훌륭한 행위라고 생각하는데 선생님은 어떻게 보십니까?"고 물은 사람이 있었다. 그러자 공자는 대답하기를 "그렇다면 덕에 대하여는 어떻게 보답해야 한다는 것이냐. 보답할 길이 없지 않겠느냐? 따라서 덕에는 당연히 덕으로 보답해야겠지만 원한(원수)에 대하여는 직(直), 즉 공정무사한 정의로 보답해야 한다." (「논어」 헌문 36)

원한에는 공적인 것과 사적인 것, 엉뚱한 것, 터무

니없는 것, 등 여러 가지가 있다. 따라서 그 원한의 이비곡절(理非曲折)을 냉정히 가려서 이성적으로 보답하라는 것이 '직'이라는 말의 뜻이다.

즉 공자는 모든 것을 용서해주라는 것은 아니었다. 사적인 것은 얼마든지 용서하고 잊을 수도 있지만 공적인 것은 용서한다는 것부터가 죄악이 된다는 것이었다. 가령 권력을 잡기 위해서 많은 대중을 살인한 사람이라든지, 부정을 저질러 많은 국민들에게 고통을 준 사람 등 나라의 법을 어기고 많은 사람에게 피해를 준 몰염치한 사람들에 대해서는 '계속 소리 높이 북을 치고 그 비행을 물리쳐야 한다.'는 것이다. 이들의 비행을 눈감아준다는 것은 너그러운 마음씨라며 가상히 여길 일이 아니다. 공자가 볼 때 그것은 단지 국가사회의 부정을 키우는 결과밖에 되지 않는다고 생각한 것이다.

프랑스의 철학자 볼테르는 원수를 정의로서 대하라는 공자의 말은 유사 이래 최고의 유명한 교훈이라고 격찬하였다. 그가 살던 기독교 사회에서 원수를 사랑으로 대하라는 예수교의 그늘 밑에서 은폐되는 위선과 타락하는 정의를 보고 있었던 볼테르에게는 원수를 정의로 대하라는 공자의 말이 매우 합리적이고 신선하게 와 닿았을 것으로 짐작된다.

내가 신약성경의 산상수훈을 처음 읽으면서 가장 충격을 받았던 것은 앞에 인용한 원수를 사랑하라는 구절이었다. 그러한 말은 인간으로서는 도저히 상상도 할 수 없는 말이라고 생각되었다. 그래서 그것은 인간의 말이 아니고 바로 하나님의 말일 것이라고 생각하게 되었다.

우리가 용서하는 것 중에서 가장 어려운 것은 원수를 용서하는 것이다. 더욱이 원수를 사랑하는 것은 우리가 이 세상에서 이룰 수 있는 가장 어려운 덕이며, 우리가 도달할 수 있는 가장 높은 덕이다. 그래서 우리가 인격적으로 그 경지에 달할 수 있다면 완전에 이른다고 할 수 있을 것이다. 사실 불가능한 일인지도 모른다.

남을 용서하는 일보다 먼저 자기의 가장 가까운 이웃인 부부나 부모자녀 간의 사사로운 불화에 대하여 일흔 번씩 일곱 번을 용서하면서 살아가는 것이 현명한 행동이 아닐까? 그리고 남들과도 그렇게 할 수 있다면 하나님의 온전하심과 같이 온전하게 될 수 있을 것이다.

미국에서 9·11테러가 났을 때 독실한 기독교 국가인 대부분의 미국인들이 취하는 태도는 어떠했는가? 아프가니스탄에서 빈 라덴의 알카에다 조직원들을 잡기 위해 이는 이로의 엄청난 공격을 가하지 않았던가. 그들에게 원수를 사랑하라고 한다면 그것이 현실적으로 가능한 문제이었을까? 오히려 공자님이 말한 바와 같이 사적인 원한은 용서하되 많은 사람을 죽인 공적인 범죄에 대해서는 정의로서 다스려 앞으로 그러한 일이 다시 일어나지 않도록 하여야 된다는 말이 설득력이 있지 않을까?

6

정직, 성실, 처세

❖

❖ 정직한 자의 성실은

영국에 푸로휴모(J. Profumo)라는 국방장관이 있었다. 명문 출신인 그는 총리후보 소리를 들을 만큼 전도가 양양한 정치인이었다. 그런 그가 구소련의 스파이였던 여성과 관계를 맺은 적이 있다는 사실이 폭로되었다. 처음에 그는 이를 완강히 부인했다. 그러나 양심의 가책을 느낀 그는 며칠 후 "내가 거짓말을 한 것은 나의 인생을 통해 가장 큰 잘못이었다."고 국민 앞에 사과하면서 사실을 시인했다. 그날로 장관 자리에서 물러난 그는 자기 조상이 대대로 살아오던 유서 깊은 저택을 버리고 혼자 이스트엔드의 빈민가에 살면서 가난한 사람들을 돕는 일에 일생을 바치기로 결심했다.

그가 정사를 가졌던 여성이 구소련의 간첩이었다는 사실을 그는 전혀 모르고 있었다. 또 아무리 돌이켜 생각해봐도 자기가 국가 기밀을 그녀에게 누설한 것은 없었다. 그러면서도 그가 사임을 하고 험난한 속죄의 길을 택한 것은 부인 몰래 다른 여자와 관계를 가졌었다는 것에 대한 뉘우침에서가 아니었다. 명문 출신의 정치인으로서 거짓말을 한다는 것은 국민에 대한 용서받을 수 없는 배임행위라는 인식 때문이었다.

그 후 10년이 지나 친구들이 여러 차례나 "그만하면 속죄를 한 셈이니 이제는 집에 돌아가도 좋지 않느냐?"고 권했다. 그래도 그는 계속 이스트엔드에서 가난하게 살았다.

그가 70세가 되었을 때 엘리자베스 여왕이 친히 "이제는 다 용서받은 게 아닙니까?"라고까지 말했다. 이때 그는 "비록 세상이 나를 용서해준다 해도 거짓말을 했다는 것을 나 자신은 용서할 수가 없습니다." 하면서 어려운 생활을 계속하였다.

영국사회가 견실한 것은 이렇게 거짓말을 가장 부끄러운 죄악으로 여기는 지도층이 살아 있기 때문이다.

옛날 중국에 사마온공(司馬溫公)이라는 사람이 있었다. 그는 학문과 덕망이 높은 학자이었다. 어떤 사람이 사마온공에게 물었다.

"한문의 많은 글자 중에서 우리가 평생을 두고 배

우고 지켜야할 글자가 무엇입니까?" 사마온공은 '성(誠)'자라고 대답하였다. 성은 정성의 성이요 성실의 성인데 어떤 것을 의미하는지 잘 몰랐다. 그래서 그 사람은 다시 말하였다. "성(誠) 한 자로는 너무 어려우니 좀 더 자세히 말씀해 주십시오." 사마온공은 '불망어(不妄語)'라고 대답하였다. 이 불망어라는 말은 거짓말하지 않는 것이요 남을 속이지 않는 것이라 성의 근본은 바로 정직인 것이다.

인생살이에는 두 종류의 거짓말이 있게 마련인데 '검은 거짓말'은 하지 말아야 한다. 장사하는 사람이 '밑지고 판다.'는 식의 애교 있는 '흰 거짓말'은 생활의 양념이 되기도 하겠지만 남을 해치고 속이고 도둑질하기 위한 '검은 거짓말'은 사회의 악일 뿐 아니라 자신의 건강과 인생을 좀먹게 한다.

한말의 위대한 선각자였던 도산 안창호 선생은 망해가는 조선왕조를 보면서 국가를 다시 일으킬 수 있는 그의 구국이론 중에 정직을 크게 강조하였다. 그는 평양 대성학교에서 젊은 학생들에게 다음과 같이 늘 말씀하셨다.

"죽더라도 거짓이 없으라." "농담으로라도 거짓말을 하지 말라." "꿈속에서라도 성실을 잃었거든 통회하라.”

터키 속담에 “혀는 검보다 실상은 더 많은 사람을 죽였다.”고 하였다. 인류역사에 얼마나 많은 선량한 사람들이 적의 모함으로 인해 생명을 잃었던가.

한국 무속에 의하면 살아있을 때 거짓말이 많은 사람은 죽어서 저승에 갈 때 입에 자갈과 칼을 물리고 끌고 간다고 하며 혀를 빼버린다고 한다.

단테의 신곡의 지옥편에서 거짓과 배신을 인생의 가장 크고 악한 죄로 보고 시이저를 배반한 브루투스와 카시우스, 그리스도를 팔아먹은 유다로 하여금 지옥의 제일 밑바닥에서 최대의 형벌을 받도록 그려놓았다.

인간에겐 누구나 여러 가지 본능적인 욕망이 있으나 이것을 어떻게 잘 다스리느냐에 따라서 개인이건 사회건 국가건 밝아질 수도 있고 어두워질 수도 있는 것이다. 그대로 보여주는 거울을 보아야 얼굴을 고칠 수 있는 것처럼 진실 앞에 서야 거짓을 다스릴 수 있고 자기의 잘못된 인생관을 교정할 수 있다.

우리들의 배우자와 아이들과의 관계와 대화에 있어서 완전하게 성실하여 그들이 무엇을 기대할지를 항상 알고 우리들에게 무조건의 신임과 확신을 항상 갖도록 하는가? 비록 약간의 부정행위가 우리의 성적을 조금은 올릴 수 있을는지 모르지만 우리들의 선생님들과 학우들에게 또 우리들 자신에게 진실한가? 우리들은 우리들의 고용주가 기대하거나 요구하는 것 보다 더 많은 일을 하는가? 그리고 우리들의 일을 더 잘하기 위해서 항상 관심을 갖는가? 우리들은 우리들의 고용원들에게 그들의 노동의 대가를 공정하게 지불하는가? 소득세 신고를 정확히 하는가? 사업수행에 있어서 우리들은 양심적인가?

정직은 우리 개인에게 건강과 행복을 가져다 줄 뿐만 아니라 고매한 인격과 성공으로 인도한다. 또한 정직과 성실은 사회와 국가의 번영의 초석이 되며 근본 원리가 되는 것이다. 불성실과 간사함과 사특과 거짓은 사탄의 속성이며 우리를 불건강과 불행과 패망으로 인도한다.

말은 생각의 표현이고 인격의 표현이다. 그 사람이 어떤 말을 하는가를 보면 그 사람을 평가할 수 있다. 성경에 보면 "사람이 무슨 무익한 말을 하든지 심판 날에 이에 대하여 심문을 받으리니 네 말로 의롭다 함을 받고 네 말로 정죄함을 받으리라."고 하였

다.(마태 12:36-37)

또 잠언에 보면 "정직한자의 성실은 자기를 인도하거니와 사특한(비행을 숨기고 있는) 자의 패역은 자기를 멸망케 하느니라."고 하였다.

❖ 천국에서 누가 가장 큰 자입니까

한 신문에 소개된 어린이에 대한 실화 하나를 소개하고자 한다.

아내가 떠난 지 5년, 혼자서 일곱 살 난 아이를 키우면서 있었던 일이다. 어느 날 유치원에서 전화가 왔는데 아이가 오지 않았다는 것이다. 떨리는 마음에 회사를 조퇴하고 애타게 아이를 찾았다. 그런데 동네 놀이터에서 그 놈이 신나게 놀고 있는 게 아닌가? 너무너무 화가 나 집에 와서 아이에게 매를 들었다. 그런데 아이는 변명 한마디 않고 그저 잘못을 빌었다.

일 년이 지난 어느 날, 동네 우체국 출장소에서 전화가 왔다. 아이가 주소도 쓰지 않고 우표도 붙이지 않은 편지 3백 통을 우체통에 넣어 연말에 막대한 업무 지장을 준다는 것이었다. 나는 또 다시 매를 들었다. 하지만 이번에도 아이는 변명을 하지 않았다. 왜 이런 일을 했느냐고 물었다. 그러자 울먹이는 소리로 대답하였다.

“엄마에게 편지를 보낸거라고……” 순간 울컥하며 내 눈시울이 붉어졌다.

아이는 그 동안 매일 편지를 써왔는데 우체통의 턱이 높아 키가 닿지 않았다. 그러다 그 동안 키가 자라 요즘 다시 재보니 손이 닿아 엄마에게 썼던 편지를 한꺼번에 다 넣은 것이라고 하였다.

편지를 엄마가 있는 하늘로 올려 보내자며 라이터를 꺼내 하나씩 태우기 시작했다. 그러다가 문득 아이가 엄마에게 무슨 얘기를 하고 싶었을까 궁금해졌다.

“보고픈 엄마에게. 지난주에 유치원에서 재롱잔치를 했어. 근데 난 엄마가 없어 가기가 싫었어. 엄마 생각날까봐 아빠에게는 말을 안 했어. 아빠가 날 찾으러 막 돌아다녔는데 아빠 앞에서 일부러 재미있게 노는 척 했어. 아빠가 날 막 때렸는데 난 암말 안 했어. 난 매일 아빠가 엄마 생각하면서 우는 것 본다. 근데 나 인제 엄마 얼굴이 생각 안나. 엄마, 나 꿈에 한 번만 얼굴 보여줘. 알았지?”

편지를 읽고 또다시 고개를 떨구었다.

가버나움으로 가는 도중에 사도들은 예수님이 들

으시지 않게 서로 질문을 주고받았다. 이 질문은 토론으로 변하고 결국 논쟁으로 변했다. 그들의 가장 큰 관심거리는 천국에서 누가 가장 큰 자가 되겠느냐는 것이었다. 그들이 예수님을 따라다니면서 느꼈던 간증은 예수는 의심할 여지없이 오래 기다렸던 그리스도임을 확신시켜 주었다. 그들은 옛날부터 전해 내려오는 메시아에 대한 기대에 부풀어 있었다. 그들은 예수님께서 영적인 주님이실 뿐 아니라 세상적인 왕이 되리라고 생각하였다. 더욱이 주님께서는 그의 왕국에 속한 자들의 축복된 상태에 대해서 자주 언급한 사실에 대해서 잘 기억하고 있었다. 그들은 예수님을 모신 가장 가까운 사도로서 왕국에서 차지하게 될 위치에 대해서 이러쿵저러쿵 추측들을 한 것이다. 그들이 바랐던 것은 신뢰와 영예와 이익이 제일 많은 지위였다. 새로운 왕국이 생기면서 그러면 누가 국무총리가 될 것이며 누가 장관이 될 것이고 누가 군대의 사령관이 될 것인가? 궁금하였다. 개인적인 야망은 이미 그들의 마음속에 질투심까지 불러 일으켰다. 그래서 논쟁이 벌어졌던 것이었다.

그때 예수께서 물으셨다. "너희가 노중에서 서로 토론한 것이 무엇이냐?" 그들은 잠잠하였다. 만약 그들이 그 동안 벌렸던 논쟁에 대해서 말을 한다면 그들 자신들의 이기심을 노출하게 되어 부끄러움을 당하게 되기 때문이었다.

그러나 그 중의 한 제자가 나와 논제의 세세한 창피한 내용들은 말을 하지 아니하고 일반적인 핵심이 되는 질문을 하였다. "천국에서 누가 크니이까?"라고 물었다. 그때 "예수께서 어린아이 하나를 불러 그의 품에 안으시고 돌이켜 어린아이들과 같이 되지 아니하면 결단코 천국에 들어가지 못하리라. 그러므로 누구든지 이 어린아이와 같이 자기를 낮추는 그이가 천국에서 큰 자니라." (마 18:1-5)

또 어린아이 같이 되라는 말은 어린아이처럼 유치하고 조심성이 없으며 어리석으라는 뜻이 아니다.

바울 사도는 이렇게 훈계하였다. "형제들아 지혜에는 아이가 되지 말고 악에는 어린아이가 되라 지혜에는 장성한 사람이 되라." (고린도전서 14:20)

"내가 어렸을 때는 말하는 것이 어린아이와 같고 깨닫는 것이 어린아이와 같고 생각하는 것이 어린아이와 같다가 장성한 사람이 되어서는 어린아이의 일을 버렸노라." (고린도전서 13:11)

노자는 "덕을 두텁게 쌓은 사람은 간난 어린아이에 비유될 수 있다."고 하였다.

어느 날 남영추(南榮趎)가 노자에게 생명을 기르는 도리를 물었을 때, 노자가 답했다.

"생명을 기르는 떳떳한 도리란 본성을 지켜 천성을 잃지 않고, 점치는 일 없이 길흉을 알며, 자신의 본분을 지키고 알맞은 정도에서 그치며, 남에게 구하기를 버리고 자신에게 구하며, 구속됨이 없고 순진하며, 어린아이가 되는 것이다. 어린아이는 온종일 울어도 목소리가 쉬지 않으니 이것은 화기(和氣)가 지극한 까닭이요, 온종일 주먹을 쥐고 있어도 손이 저리지 않으니 그 덕이 지극한 까닭이며, 온종일 물건을 보고 있어도 눈을 깜박이지 않으니 마음이 밖으로 치닫지 않는 까닭이다. 또한 어디로 갈 때는 어디로 가는지 모르고, 가만히 있을 때는 무엇을 해야 하는지 모른다. 사물에 순응해서 그 물결을 따라 움직이니 이것이 생명을 기르는 떳떳한 도리이니라."

"그러면 그것이 바로 지인(至人, 덕이 높은 사람)의 경계입니까?"

"아니다. 그것은 단지 사물에 집착하는 마음이 풀리는 정도일 뿐이니 지인의 경지가 가능할 수 있겠는가? 무릇 지인은 인간사회에서 생활하고 있지만 하늘과 더불어 즐거움을 함께하고 이해로써 마음을 어지럽히지 않는다. 어떤 괴이한 일을 하지도 않고, 어떤 모략을 꾸미지도 않으며, 속된 일을 하려 들지도 않는다. 구속됨이 없고 순진하게 사는 것, 이것은 그저 생명을 기르는 떳떳한 도리일 뿐이다."

"그러면 그것이 생명을 기르는 도리의 지극한 것입니까?"

"아니다. 나는 아까 너에게 '어린아이가 될 수 있어야 한다.'고 말했다. 저 어린아이들은 의식적으로 행동하지 않는다. 그들의 행동은 언제나 자유로워 몸은 마치 마른 나뭇가지와도 같고 마음은 마치 식은 재와도 같다. 이러한 사람에게는 화도 이르지 않고 복 또한 오지 않는다. 화와 복도 거기에는 없는데 어떻게 인위적인 재앙이 있을 수 있겠는가." (「장자」 경상초)

맹자는 "대인이란 간난 어린아이의 마음을 잃어버리지 않은 사람이다."라고 했다.

부처도 "행실 중에서 어린아이의 행실이 제일이

다."고 하였고, 또 "사람 마음이 맑고 깨끗하면 거기가 곧 부처나라 깨끗한 땅이요, 마음이 흐리고 어지러우면 거기가 곧 마귀나라 더러운 땅이로다."고 하였다.

❖ 우리 아들은 살인할 사람이 아니오

옛날에 말을 모는 어인(御人)이 하나가 있었다. 그런데 그 사람의 이름은 공자의 제자 증삼(曾參)과 글자 한 자 틀리지 않은 증삼 이었다. 어느 날 어인 증삼이 살인을 했다. 어떤 사람이 공자의 제자인 증삼의 어머니에게 달려가서 "증삼이 살인을 했다오." 하고 알렸다. 이 때 그 어머니는 베를 짜고 있었는데 조금도 놀라지 않고 대답하기를, "내 아들 증삼은 효자라 결코 살인할 사람이 아니오." 하고 여전히 베만 짰다.

조금 지나자 또 어떤 사람이 달려와서 "증삼이 사람을 죽였소." 하고 전했다. 그 어머니는 잠시 베 짜던 손을 멈추고 생각하더니 "세상 사람이 다 살인을 한다 해도 우리 아들은 살인할 사람이 아니오." 하고 다시 베를 짰다.

조금 지나자 또 어떤 사람이 달려와서 "그 살인자 이름이 틀림없는 증삼이라고 하던데요." 하고 알렸다. 그제야 그 어머니는 베틀에서 내려와 관가로 달려갔다. 가본 즉 물론 그 살인자는 이름만 같을 뿐 딴 사람이었다.

대저 공자의 제자 증삼은 어질기로 유명한 분이었다. 한데 그러한 분의 어머니도 "아들이 살인했다."는 말을 세 번 듣고 곧이들었다고 한다. (「열국지」 9:104)

공자께서 진(陳)·채(蔡)의 사이에서 포위당하여 곤욕을 치르고 계실 때의 일이다. 따르던 제자들이 일주일 동안 아무것도 먹지 못한 채 굶고 지냈다. 자공이 몰래 포위망을 뚫고 나가 자신이 가지고 있던 약간의 돈으로 그곳의 농민들을 통해 쌀 한 가마를 사 가지고 돌아왔다. 안회와 자로가 한 허름한 부엌에서 이 쌀로 밥을 지었는데, 마침 검은 티끌이 밥 속으로 떨어졌다. 안회는 그 더러워진 부분의 밥을 떠서 먹었다. 자공이 마당에 있다가 그러한 광경을 보고 몹시 불쾌하게 생각했다. 자공은 안회가 몰래 밥을 훔쳐 먹었다고 여기고 공자께 나아가 말하였다.

"어떤 청렴결백하고 어진 덕이 있는 사람이 생활

이 곤란한 환경을 만난다면 변절을 합니까, 안 합니까?"

공자께서 말씀하셨다. "곤란한 환경을 당했다고 해서 변절을 한다면 그런 사람을 어떻게 어진 덕이 있고 청렴결백한 사람이라고 말할 수 있겠는가?"

자공이 말했다. "안회와 같은 그런 사람은 변절을 하지 않겠지요?"

공자께서 말씀하셨다. "물론이지."

자공은 즉시 안회가 밥을 훔쳐 먹은 일을 공자께 말씀드렸다. 공자께서 말씀하셨다. "나는 예전부터 안회를 어진 덕이 있는 선비로 믿어왔네. 설사 그대가 안회가 밥을 훔쳐 먹는 것을 두 눈으로 직접 보았다 하더라도 나는 그가 어진 덕이 있다는 사실을 의심하지 않네. 아마도 분명 무슨 까닭이 있었을 것이네. 그대는 더 이상 말하지 말게나. 내 직접 그를 불러 물어 보겠네."

이에 안회를 오라고 하여 말씀하셨다. "어젯밤에 내가 꿈을 꾸었는데, 우리 조상님들을 뵈었네. 아무래도 나를 보호해주시려는 거겠지. 자네가 지은 밥을 가져오게나. 내가 조상님께 제사를 올려야겠네."

안회가 말했다. "방금 검은 빛깔의 티끌이 밥 속으

로 떨어졌는데, 그대로 놓아두자니 정결하지 못할까 염려되고, 그렇다고 내버리자니 또 아까워 더러워진 부분의 밥을 제가 먹었습니다. 제가 이미 손을 댄 밥이라 제사에 사용할 수가 없습니다."

공자께서 말씀하셨다. "아! 그런가. 가져오게나. 나도 그 밥을 먹어야겠네."

안회가 자리를 뜬 다음 공자께서 곁에 있는 몇몇 제자들을 쳐다보면서 말씀하셨다.

"내가 안회가 어진 덕이 있다고 믿은 것은 어제오늘의 일이 아니라네."

여러 제자들은 이 이후부터 안회의 인품을 믿고 복종하였다. (심백강,「유가」, 청년사, 2000)

1997년 우리나라의 경제가 신뢰성을 잃어 외국인들이 우리 회사들에게 빌려준 돈을 갑자기 회수하는 바람에 경제위기에 빠지고 IMF 관리체제에 들어간 일이 있었다. 외환 보유고는 바닥이 나 환율은 2배 이상으로 급등하고 이자율은 30% 정도로 올라갔다. 많은 부실한 회사들이 파산하고 일할 수 있는 많은 젊은이들이 직장을 잃었다. 일반 국민들은 공포에 휩싸여 전전긍긍하고 있었다.

많은 사회학자들과 경제학자들이 이것은 우리 사

회의 모든 분야에서 오랜 동안의 병폐인 신뢰성의 결여로 인해 가져온 재앙이라고 지적하였다.

프란시스 후쿠야마의 「신뢰(Trust)」라는 책이 베스트셀러가 되고 많은 사람들의 입에서 그의 이론이 회자되었다.

그는 돈은 경제적 자본이지만 신뢰는 모든 거래비용을 줄여주는 사회적 자본으로써 돈으로도 살 수 없고 빌릴 수도 없을 뿐 아니라 한번 실추된 신뢰를 회복하는 데는 상당히 고통스런 노력과 오랜 시간이 소요된다고 하였다. 신뢰가 결여된 한국의 재벌과 한국의 근대화 과정에 대해 신랄한 비판을 하였다.

경제적으로 어느 정도의 수준에는 이를 수 있으나 서로가 서로를 믿지 못하고 서로 경쟁적으로 속이는 사회에서는 그 이상의 번영을 이룰 수가 없는 것이다. 그러한 여건에서는 경제활동 외의 쓸데없는 엄청난 비용이 소모되는 것이다. 따라서 결국 일류 선진국으로의 진입은 불가능한 것이다.

후꾸야마는 '신뢰는 경제활동의 중요한 윤활유'라고 지적하고 있다.

자장이 공자에게 사람들 사이에 통할 수 있는 길을

물었다. “말은 성실하고 신의가 있으며 행동은 독실하고 경건하면 비록 야만의 나라에 가도 뜻대로 무엇이던지 이루어질 것이다. 그러나 말이 부실하여 믿음성이 없으며 행동이 경솔 천박하면 비록 작은 마을에서도 뜻대로 안되리라. 서 있은 즉 앞에 지성과 독실이 보이고, 수레를 타면 멍에에 지성과 독실이 나타나 보이듯 하면 백사가 여의하리라.” 자장이 잊을까 보아 큰 띠에 기록하더라. (「논어」 위령공 5)

거짓이 판을 치는 세상에서 이에 현명하게 대처한다는 것은 무척 어려운 일이다. 공자도 “남이 나를 속이리라 지레짐작할 것이 아니며, 남이 나를 믿지 않으리라 억측하지 아니할 것이나 세상은 거짓과 불신이 많은 것이 사실이니 모름지기 무엇이 진실이고 거짓인지를 통찰하고 누가 나를 거짓으로 대하고 불신하고 있는가를 먼저 알아차리어 적절히 대처함이 현명한 일이다.”고 가르치고 있다. (「논어」 헌문 33)

❖ 자네는 어찌 그리 꼭 막혔는가

충주 가홍의 황희숙이란 사람은 양민의 아들이었다. 그는 어느 날 서울서 큰돈을 가지고 내려온 한 노인을 만났다. 경술년 대풍년에 콩 한 말 값이 겨우 5문이었다. 그 노인은 콩 2,000말을 사들여서 여러 사람 중에 황희숙을 지정해서 맡기면서, "명년 내명년에 비록 흉년이 들더라도 경솔히 팔지 말고, 반드시 내가 오기를 기다려 팔도록 하게"라고 말했다. 노인은 이름과 사는 곳도 말하지 않고 떠나 버렸다.

다음 신해년은 과연 흉년이 들어 콩 한 말이 20문을 호가했다. 이웃 사람들이 팔기를 간청했으나 그 노인이 오지 않아서 황희숙은 단단히 움켜지고 "그 분이 안 오시니 내 혼자서 팔 수 없소."했다. 황희숙은 집이 가난해서 굶어 죽을 지경에 이르기 여러 번이었으나 끝내 단 한 말도 손대지 않았다. 그 다음 임자년에도 크게 가물어 천리가 적토였다. 이웃 사람들이 다시 팔 것을 강권했으나 팔지 않고, 식구들이 다 죽어가도 단 한 말을 축냄이 없었다. 그 노인은 종내 나타나지 않았다.

그 다음 계축년은 풍우가 순조로워 벼와 보리가 구름처럼 펼쳐졌다. 하지만, 아직 보리가 덜 익어서 굶어죽는 사람이 즐비했다. 이웃 사람들이 돈을 모아 가지고 몰려와 황희숙을 꾸짖었다. "자네는 어찌 그리 사람이 꽉 막혔는가? 대기근에 곡가가 20배로 뛰었는데 불과 20일 남짓이면 이제 보리를 먹게 될 것 아닌가. 이때를 놓치고 콩을 팔지 않으면 얼마나 큰 손해인가?" (「삽교별집」에 수록된 조선시대 야담의 일부)

중국에 미생이라는 사람이 있었다. 그는 자기 애인과 다리 밑에서 만나기로 약속을 하였다. 그런데 시간이 되어도 그 애인이 나타나지 않고 있는데 비가 많이 와 홍수가 나서 물이 불어났다. 물은 점점 더 불어나 다리 바로 아래까지 차올랐다. 그래도 그는 그 애인과의 약속을 지키기 위하여서 다리를 붙들고 있다가 마침내 물에 떠내려가 죽었다. 이것을 '미생의 고지식[미생지신(尾生之信)]'이라 한다.

기독교는 예수의 탄생에 의해서 시작되었다. 예수는 안식일을 철저하게 지키지 않는다고 해서 항상 유대인들로부터 핍박을 받고 생명의 위협을 받았다. 안식일에 그의 제자들이 밀밭에서 밀이삭을 잘라 먹었다고, 또 안식일에 병자를 고쳤다고 비난을 들었다. 그러나 그는 "사람의 아들이 바로 안식일의 주인이니라(누가복음 6:5)."고 하였다.

다음 일화(요한복음 5:1-16)를 보면 율법에 대한 유대인들의 태도가 어떠했는가를 짐작할 수가 있다.

그 후에 유대인의 명절이 있어 예수께서 예루살렘에 올라가시니라 예루살렘에 있는 양문 곁에 히브리 말로 베데스다라 하는 못이 있는데 거기 행각 다섯이 있고 그 안에 많은 병자, 소경, 절뚝발이, 혈기 마른 자들이 누워 물의 동함을 기다리니 이는 천사가 가끔 못에 내려와 물을 동하게 하는데 동한 후에 먼저 들어가는 자는 어떤 병에 걸렸든지 낫게 됨이러라. 거기 삼십팔 년 된 병자가 있더라. 예수께서 그 누운 것을 보시고 병이 벌써 오랜 줄 아시고 이르시되

"네가 낫고자 하느냐?"

병자가 대답하되

"주여 물이 동할 때에 나를 못에 넣어 줄 사람이 없어 내가 가는 동안에 다른 사람이 먼저 내려가나이다."

예수께서 가라사대

"일어나 네 자리를 들고 걸어가라"

하시니 그 사람이 곧 나아서 자리를 들고 걸어 가니라 이 날은 안식일이니 유대인들이 병 나은 사람에게 이르되

"안식일인데 네가 자리를 들고 가는 것이 옳지 아니하니라."

대답하되

"나를 낫게 한 그가 자리를 들고 걸어가라 하더라." 한대 저희가 묻되

"너더러 자리를 들고 걸어가라 한 사람이 누구냐?" 하되

고침을 받은 사람이 그가 누구신지 알지 못하니 이는 거기 사람이 많으므로 예수께서 이미 피하셨음이라.

그 후에 예수께서 성전에서 그 사람을 만나 이르시되 "보라 네가 나았으니 더 심한 것이 생기지 않게 다시는 죄를 범치 말라" 하시니

그 사람이 유대인들에게 가서 자기를 고친 이는 예수라 하니라 그러므로 안식일에 이러한 일을 행하신다 하여 유대인들이 예수를 핍박하고 죽이려 하였다.

바울은 더 나아가서 유대율법에 있는 엄격한 음식 절차와 할례나 절기와 안식일과 같은 율법을 중요시하지 않았다. 그리고 그러한 것들을 지키는 문제가 비난의 대상이 되어서는 안 된다고 말하고 그러한 율법의 멍에를 벗어버리고 그리스도의 믿음에서 나온다고 하였다. 결국 바울은 율법보다는 믿음으로 인하여 이방인에게도 구원이 있다고 함으로서 기독교가 전 유럽에 전파되고 유럽인들의 기본 종교가 된 것이다. (갈라디아서 5:1-6; 2:16; 로마서 3:19 -30)

바울이 포교를 하면서 이방인들의 편의를 너무 보아주었다는 비평이 있었다. 성서신학자 존 도미니크 나 크로산에 따르면 기독교인들은 기독교와 유대교가 각각의 종교로 분리된 것이 예수를 메시아로 보느냐 하는 견해차이 때문이라고 믿지만 그것은 완전히 잘못된 생각이고 율법에 대한 입장차이 때문이다. 율법을 엄격히 지키는 쪽과 그렇지 않은 쪽으로 분리

된 것이다.

불경에 보면 다음과 같은 이야기가 있다.

대사께서 이르시기를, “법달아, 마음으로 행하면 ‘법화경’을 굴리고 마음으로 행하지 않으면 ‘법화경’에 굴리게 되나니, 마음이 바르면 ‘법화경’을 굴리고 마음이 삿되면 ‘법화경’에 굴리게 되느니라. (「육조단경」 25장)

사람이 경(經)을 위해서 있는 것이 아니라 경이 사람을 위해서 있는 것이니, 잘 읽으면 경이 너를 섬기게 될 것이요 잘못 읽으면 경이 너를 노예처럼 부리리라.

미국에서 한 세대 전의 어머니들은 버릇없는 아이가 되지 않도록 엄격한 시간표대로 젖을 먹이라는 말을 들었다. 그래서 어린아이가 침대에서 배가 고파 울어도 그 아기 엄마는 옆방에 앉아서 젖을 먹여도 되는 시간이 될 때까지 울도록 놓아두었다. 생리적 시계가 더 정확하다는 것을 그 엄마는 모르고 있는 것이다.

❖ 창랑의 물이 흐리면 가히 발을 씻으리로다

굴원(屈源 : 중국 전국 시대의 초나라 우국지사이며 시인)이 벼슬을 하다가 참소를 당하여 떠돌아다녔다. 너무나 청렴결백한 나머지 무고에 걸려 유배를 당하여 상강(湘江) 기슭을 거닐며 시를 읊고 지내는데, 얼굴빛은 초췌하고 몸이 몹시 수척해 있었다.

어부가 굴원을 알아보고 물었다.

"당신은 왕족이요, 장관이 아니십니까? 무슨 까닭으로 여기까지 오셨습니까?"

굴원이 대답했다.

"온 세상이 모두 악에 물들어 흐려졌는데 나만 홀로 맑으며, 많은 사람들이 옳지 못한 일에 취해 있는데 나만 홀로 깨어 있으니, 그 때문에 미움을 받고 이곳으로 내쫓긴 것이라오."

어부가 다시 물었다.

"성인은 사물에 구애됨이 없이 세상과 더불어 흐

름을 같이할 수 있나니, 세상 사람이 모두 흐렸으면 어찌하여 그 진흙을 휘저어 그 물결과 같이하지 않으며, 윗사람이 다 취했으면 어찌하여 같이 그 찌꺼기를 먹고 그 박주(薄酒 ; 맛이 좋지 못한 술)를 빨지 않습니까? 무슨 까닭으로 홀로 깊이 생각하고 높이 행하여 스스로 추방을 당하였단 말입니까?"

굴원이 말했다.

"내 들었소. 새로 머리를 감은 이는 반드시 관람을 털고, 새로 몸을 씻은 이는 반드시 옷을 털어 입는다고. 어찌하여 맑고 깨끗한 몸으로 더러운 물건을 받아들일 수 있겠소? 차라리 상강물에 빠져 고기밥이 될지언정, 어찌하여 결백한 몸에 세속의 티끌과 먼지를 뒤집어쓰겠는가 말이오?"

어부는 빙그레 웃으며 뱃바닥을 울려 장단을 맞춰 노래를 부르며 갔다.

창랑의 물이 맑으면 滄浪之水淸
가히 갓끈을 씻을 것이요, 可以濯吾纓,
창랑의 물이 흐리면 滄浪之水濁
가히 발을 씻으리로다. 可以濯吾足

마침내 사라지니 다시 더불어 말할 길이 없었다. (「열국지」)

자유당 때 경찰 고위 관리를 지낸 분이 있었다. 이승만 정권의 불의를 보다 못해 관직을 내던지고 나왔다. 그 때는 그 이야기를 듣고 모두가 참 잘한 일이며 대단한 용기를 가진 사람이라고 칭송이 자자했다.

그런데 그 뒤 그는 다시 직장을 얻지 못하고 일정한 직업 없이 십여 년을 지내다 보니, 나중에는 형편이 어려워져 식생활이나 애들 교육 할 것 없이 모두 엉망이 되었다.

생계유지가 어렵게 되니 아는 사람을 찾아 이집저집 떠돌아다니며 기식을 하는 신세가 되고 보니, 사람들은 선뜻 '그 때 그이가 참 잘했구나.'라고만 생각할 수가 없었고 '뭔가 문제가 있구나.' 하는 생각을 하게 되었다.

어렸을 때부터 가정이나 학교의 도덕 교육을 통해 이건 옳고 저건 그른 것이라고만 배워 온 사람들에게는 이 이야기는 상당한 충격이 되었다.

시비흑백이 본래 다른 것이 아니고, 언제 어디서

어떤 안경을 쓰고 보느냐에 달려 있다. 그래서 성현 말씀에도, “참으로 깨달은 사람은 매사에 시비를 단정하여 말하지 않는다.”고 하였다.

시비흑백을 분명히 가리어 시(是)나 백(白), 곧 옳다는 것만을 좇아 행하는 것은 한계가 있는 법이다. 언제라도 ‘지금 여기’서 최선을 다할 일이다.

그러나 국가의 역사가 바로 서고 계속해서 올바른 길로 이어가기 위해서는 그러한 난국에 불의에 항거하여 투쟁하다 투옥되고, 직장을 잃고, 가족들에게 엄청난 피해를 입히고, 때로는 목숨까지도 버린 애국지사나 민주화운동가들의 용기는 후세에 높이 평가되어야 하지 않겠는가? 또한 본인이나 그 후손들에 대한 국가로부터 적절한 보상이 뒤따라야 되는 것은 당연한 일이 아닐까?

7

교육, 인격완성

❖

❖ 힘과 지혜가 필요할 때

동방에 한 젊은 왕이 있었다. 그는 왕위에 오르자 그의 왕국을 올바르게 다스리기를 원하였다. 그래서 그 나라의 현명한 사람들을 불러서 전 세계의 지혜의 책을 모으라고 명령하였다. 그렇게 함으로써 그 왕이 그 책을 읽고 가장 훌륭하게 나라를 다스리고 처신하는 방법을 배우기를 원하였다.

그들은 떠나가서 30년 후에 5,000권의 책을 수십 마리의 나귀의 등에 싣고 돌아왔다. 그들은 왕에게 말하기를 "현명한 사람들이 역사와 인간의 운명에 관하여 배운 모든 책을 다 수집해 왔습니다."라고 하였다. 그러나 왕은 국가의 여러 가지 일에 바빠서 그렇게 많은 책을 다 읽을 수가 없었다. 그래서 그들에게 명하기를 "가서 이 지식을 적은 수의 책으로 축소하라."고 하였다.

15년 후에 그들은 다시 돌아와 500권으로 축소하여 가지고 왔다. 그들은 왕에게 아뢰기를 "이 500권의 책에서 세상의 모든 지혜를 찾을 수 있을 것 입니다."라고 하였다. 그래도 그것은 너무 많았다. 그래서 왕은 그들을 되돌려 보내서 더 축소하도록 하였다. 수년이 흘러갔고 그들은 다시 돌아왔고 50권 가량으로 줄여왔다. 그러나 임금은 늙었고 피곤하였다. 그는 그와 같은 적은 책도 읽을 시간이 없었다. 그래서 그 현명한 신하들에게 명령하기를 그것을 한 권으로 줄여서 그 속에 있는 인간지식의 가장 중요한 부분만을 알도록 하라고 명령하였다.

그들은 다시 돌아가서 일을 시작하였고 5년 후에 다시 돌아왔다. 마지막으로 그들이 돌아와서 그들의 각고의 결과를 그 왕의 손에 쥐어 주었을 때에는 그 현명한 사람들도 노인이 되어있었다. 그러나 이제 임금은 죽어가고 있었고 그들이 가지고 온 한 권의 책마저도 그 이상 읽을 수가 없는 처지가 되어 버린 것이다. (아나톨 프랑스, 「인생과 문학에 대하여」에서)

이것은 하나의 꾸며낸 이야기이지만 그 왕이 찾고 있던 지혜의 책이 바로 인류에게 삶의 지혜를 제시한 동서양의 여러 경전들이 아닐까? 이들 책에는 그 왕이 원하던 그의 왕국을 올바르게 다스리는 모든 방법과 가장 훌륭하게 처신하는 모든 지혜가 기록되어 있다고 생각한다.

어느 날 TV에서 한 영화를 보는데 미국의 남북전쟁에서 있었던 일을 소재로 하였다. 거기에서 아들을 전쟁터에 내보내는 어머니가 아들에게 당부하는 장면이 있었다. 그 어머니는 그 아들에게 타이르기를 "전쟁터에서 싸움을 할 때 몸을 조심하여라. 그러나 비겁하지 말아라. 옳은 일이라고 생각되는 일을 행하라. 군대에 가면 많은 사람들과 접하게 된다. 그 중에는 좋은 사람도 많지만 나쁜 사람도 있다. 술을 마셔 취하지 말라. 너희 아버지는 일생동안 한 방울의 술도 입에 대지 않았단다." 그 어머니는 마지막으로 조그마한 포켓용 성경을 건네주면서 "하루 종일 성경만 읽으라는 것은 아니다. 가끔 시간이 있을 때 그리고 힘과 지혜가 필요할 때 이 성경을 보고 구하라"라고 말하고 아들과 작별하는 장면이 있었다.

이 성경에는 우리가 고통을 당할 때 필요한 위로가 있고 어려운 일이나 지혜가 필요할 때 필요한 모든 해결 방법과 지혜가 들어 있는 것이다. 우리가 피곤하고 고달플 때 하나님께서는 "수고하고 무거운 짐진 자들아 다 내게로 오라 내가 너희를 쉬게 하리라."고 하셨다. 이 세상에 어느 곳에도 마음의 평안을 얻을 곳은 없다. 오직 하나님의 말씀 가운데서, 또는 성현들의 지혜 가운데서 우리가 위로와 생명과 안식을 얻을 수 있을 것이다.

❖ 너희도 온전하라

우리 인간은 항상 완전한 인격형성을 위해서 걱정하고 이를 위하여 꾸준히 노력하는 것이 인생의 가장 중요한 목적의 하나이다. 톨스토이는 인격완성에 대한 노력의 필요성에 대해서 다음과 같이 말하고 있다.

"우리들의 가장 보편적이고 무의식적인, 그러나 때로는 의식적인 최면은 인간은 절대적인 완성에는 도달할 수 없다는 것이다. 그러므로 그것에 도달하고자 하는 자기의 모든 노력은 하찮고 보잘것없는 것이라고 미리 포기하는 것이다. 이로 인해 인간에게 필요한 오직 하나의 일인 자기완성을 향하여 그들의 힘을 집중시키는데 방해가 되는 것이다.

그러나 완성의 목적은 완성의 상태에 도달하는 데 있는 것이 아니다. 그 상태에 도달하는 것은 불가능할 것이다. 완성은 단순한 이상이고 길 안내에 불과하다. 완성에 이르려는 목적은 정신상태를 악에서 선으로 전환시키는 데 있다. 그 완성의 노력은 모든 인간에게 공통된 사명이다. 그러므로 완성은 언제 어디서나 모든 인간에 대한 끝없는 가능성이기도 하다." (톨스토이, 「인생독본」 2-7)

그러나 인격을 완성한다는 것은 쉬운 일이 아니다. 공자님 같은 성인도 "나는 열다섯 살에 학문에 뜻을 두었고, 서른에 혼자서 자립하였고, 마흔에 미혹됨이 없었고, 쉰에 천명을 알았고, 예순에 무슨 말을 들어도 그 이치를 알 수 있었고, 일흔이 되어서는 마음에 하고자 하는 대로 하여도 법도에 벗어나지 않았다." (「논어」 위정 4)고 하였다.

공자는 세 가지 길에 의하여 성인의 경지에 도달할 수 있다고 하였다. 그 첫째는 사색에 의한 것이다. 이것은 가장 높은 길이다. 그 둘째는 모방에 의한 것이다. 이것은 가장 쉬운 길이다. 그 셋째는 경험에 의한 것이다. 이것은 가장 고달픈 것이다.

공자는 "다섯 가지의 미덕을 세상에 실행한다면 이것이 곧 어진 것(仁)이니라. 공손함과 너그러움과 믿음성과 민첩함과 은혜를 베푸는 이 다섯 가지니라. 공손하면 업수이 여김을 면하고, 너그러우면 인심을 얻고, 믿음성 있으면 사람이 신뢰하고, 민첩하면 공을 이루고, 은혜를 베풀면 사람들은 저절로 협력하느니라."라고 하였다.(「논어」 양화 6)

또 "군자는 생각하는 것이 아홉 가지가 있다. 보는 것은 밝아야 함을 생각하며, 듣는 것은 총명함을 생각하며, 안색은 온화로워야 함을 생각하며, 용모는 공손해야 함을 생각하며, 말에는 신의가 있어야 함을 생각하며, 일을 행함에 정성스러워야 함을 생각하며, 의심나면 물어야 함을 생각하며, 분하면 환난 있을까 생각하며, 이득을 보면 옳은가를 생각한다."고 하였다.(「논어」 계씨 10)

자공이 공자에게 묻기를 "한 마디로 평생 행함직한 말이 있습니까?"라고 하자, "오직 서(恕)함이니 내가 원치 아니하는 일을 남에게 베풀지 말라."라고 하였다. (「논어」 위령공 23)

맹자는 사람됨의 여섯 단계를 다음과 같이 설명하

였다.

제골나라 사람 호생불해(浩生不害)가 물었다. "악정자(樂正子)는 어떤 사람입니까?" 맹자가 대답하였다.

"착한 사람이고 성실한 사람이니라."

"무엇을 착하다 말하고 무엇을 성실하다고 말합니까?"

"사람마다 좋아하고 바람직하게 여기는 것을 '착함(善)'이라 하고, 그 착한 행위들을 실제 자기 몸에 갖추는 것을 '성실함(信)'이라 하며, 착한 행위로 충만한 것을 '아름다움(美)'이라 하고, 안으로 선행이 충만되어 있을 뿐만 아니라 밖으로 발현되고 빛을 발하는 것을 '지대함(大)'이라 한다.

그리고 위대하면서도 위대하다는 흔적이 드러나지 않는 것을 '성스러움(聖)'이라 하고, 그 성스러운 덕이 헤아릴 수 없는 신묘한 경지에 이른 것을 '신비스러움(神)'이라 한다. 악정자는 그 인격이 선함과 성실함의 중간 정도에 위치해 있고, 미(美)·대(大)·성(聖)·신(神)에는 미치지 못하는 사람이다."

(「맹자」 진심 하 25)

부처님은 우리 인간은 자기 수양을 통해서 부처님과 같이 될 수 있다고 하였다.

모든 것은 무상하니 집착하지 말라. 인생은 고통이며 생·노·병·사의 고통에 빠질 수가 있다. 거기서 벗어나기 위해서는 갈망, 즉 오욕(재물욕, 성욕, 음식욕, 명예욕, 수면욕)으로부터 헤어나는 것이다. 갈망하는 자는 자유로울 수 없으며 따라서 진실로 행복할 수가 없다. 고통은 갈망의 완전한 정지와 더불어 멎는다.

고통의 원인은 진리를 올바르게 깨닫지 못한데서 나오는 것이니, 정신이나 감정이 혼란된 상태에서 헛된 것들을 열망하지 말고 참된 가치인 사랑과 친절한 마음을 가져라.

많은 죄악이 말에서 오기 때문에 말은 절제 있고, 신중하며, 사려 깊어야 하는데 이것은 타인에 대한 친절에서 나온다.

남에게 자선을 하는 일은 진리를 가르쳐 중생들을 고통에서 헤어나게 하는 것이고, 가난하거나 도움이 필요한 자에게 물질적으로 돕는 것이고, 마음속에 두려워하는 마음을 없게 하는 것이다. 그리고 자선을 하되 누가 누구에게 무엇을 도왔다는 의식 마저도 가지고 있지 않아야 참 자선이 된다.

몸과 마음의 청정을 닦기 위해서는 10가지 죄, 즉 행동(살인, 도둑질, 음란행위)으로, 말(망령된 말, 거짓말, 악담)로, 생각(탐욕, 성냄, 어리석음)으로 죄짓지 말고, 정신을 항상 고요하게 갖되 술 취하지 말라.

누가 당신을 저주하거나 고통을 주더라도 일체의 분노를 억누르고 내 마음을 혼란에 빠뜨리지 말 것이며, 노여운 말은 한마디도 입 밖에 내지 말고, 내내 친절하고 사랑하는 마음을 가질 것이며 원한을 품지 말아라.

모든 불행은 마음에서 나는 것이니 마음이 덧없음을 항상 기억하고, 감정이 일으키는 혼란에 빠지지 않도록 하고, 헛된 것에 갈망하는 것도 집착하는 것도 없도록 하라.

이러한 경지에 이르는 것은 현세에서의 반복적인 마음 수련과 끊임없는 노력을 통하여 이루어지는 것이다. 열심히 노력하여 깨달음을 얻고 일체 중생을 제도하고자 하는 원을 세워라.(「불경」에서)

예수는 우리에게 "하늘에 계신 너희 아버지의 온

전하심과 같이 너희도 온전하라."고 하면서 다음과 같은 말을 하였다.

욕심이 없고 온유하며 의로우며 의를 위하여 기꺼이 핍박을 받고자 하고 마음이 청결하며 화평케 하는 자 나로 인하여 핍박을 받고 악한 말을 듣는 자는 복이 있나니 기뻐하고 즐거워하라.

너희는 세상에서 부패를 막는 소금과 세상의 어둠을 밝히는 빛의 역할을 하라.

형제에게 욕하지 말고 화를 내지 말아라 그러므로 예물을 제단에 드리다가 거기서 네 형제에게 원망들을만한 일이 있는 줄 생각나거든 예물을 제단 앞에 두고 먼저 가서 형제와 화목하고 그 후에 와서 예물을 드리라 너를 송사하는 자와 함께 길에 있을 때에 급히 사화하고 송사에 휘말리지 말아라.

간음하지 말라 그러한 생각도 하지 말라 누구든지 음행한 연고 없이 아내를 버리지 말라.

살인하지 말라 거짓말하지 말라 도적질하지 말라 부모를 공경하라 남의 것을 탐내지 말라.

악한 자를 대적하지 말라 누구든지 네 오른편 뺨을 치거든 왼편도 돌려 대며 또 너를 송사하여 속옷을 가지고자 하는 자에게 겉옷까지도 가지게 하며 또 누구든지 너로 억지로 오리를 가게 하거든 그 사람과 십리를 동행하고 네게 구하는 자에게 주며 네게 꾸고자 하는 자에게 거절하지 말라 너희 원수를 사랑하며 너희를 핍박하는 자를 위하여 기도하라.

사람에게 보이려고 그들 앞에서 너희 의를 행치 않도록 주의하라 너는 구제할 때에 오른손이 하는 것을 왼손이 모르게 하여 네 구제함이 은밀하게 하라.

너희가 사람의 과실을 용서하면 너희 천부께서도 너희 과실을 용서하실 것이다.

목숨을 위하여 무엇을 먹을까 무엇을 마실까 몸을 위하여 무엇을 입을까 쓸데없는 염려를 하지 말라 내일 일을 위하여 염려하지 말라 내일 일은 내일 염려할 것이요 한 날 괴로움은 그날에 족하니라.

구하라 그러면 너희에게 주실 것이요 찾으라 그러면 찾을 것이요 문을 두드리라 그러면 너희에게 열릴 것이니 구하는 이마다 얻을 것이요 찾는 이가 찾을 것이요 두드리는 이에게 열릴 것이니라.

너희는 먼저 그의 나라와 그의 의를 구하라 그리하면 이 모든 것을 너희에게 더하시리라.

비판을 받지 아니하려거든 비판하지 말라 너희의

비판하는 그 비판으로 너희가 비판을 받을 것이요 너희의 헤아리는 그 헤아림으로 너희가 헤아림을 받을 것이니라.

무엇이든지 남에게 대접을 받고자 하는 대로 너희도 남을 대접하라 이것이 율법이요 예언서의 정신이니라.(「산상수훈」에서)

❖ 마땅히 행할 일을 아이에게 가르치라

작년 여름에 미국에 살고 있는 딸네 집에 가서 한 여름을 지냈다. 그 동네에서는 어린 자녀들을 데리고 한 팀이 되어 골프를 치면 할인된 값으로 싸게 골프를 칠 수가 있어 초보자인 나는 손자를 데리고 가끔 골프를 쳤다.

한 번은 내가 친 골프공이 나무에 맞아 어디로 튀었는지 몰라 그 근처 이곳저곳 한참 찾다가 내공이라고 생각되어 공을 치려고 하니까 우리 뒤에 오는 팀이 멀리서 그것이 자기네들 공이라고 하며 손짓으로 못 치게 하였다. 그래서 그냥 다른 공으로 대신하여 경기를 계속하였다. 그 후 반대 방향의 다음 홀로 공을 치고 걸어가는데 우리의 뒤를 따르던 부자 팀의 어린 아들이 우리에게 가까이 걸어 오드니 공 한 개를 공손히 건네주면서 자기네들 공이라고 생각하였던 공이 사실은 내공이 맞았다고 하며 미안하게 되었다고 정중히 인사를 하는 것이었다. 아마 한국사람

같았으면 아버지가 와서 미안하게 되었다고 사과를 하였을 것이다. 그런데 자기 아들로 하여금 직접 가까이 가서 사과를 하게 한 것은 그 아들에게 골프를 치는 방법을 가르치는 것 뿐 아니라 잘못하였을 때 사과하는 방법도 가르치는구나 하는 생각이 들어 매우 인상적이었다.

성경의 잠언에 보면 "마땅히 행할 일을 아이에게 가르치라 그리하면 늙어도 그것을 떠나지 아니하리니(잠 22:6)"라고 하였다. 우리 속담에도 "세살 버릇이 여든까지 간다(三歲起習 持八十)"는 말이 있다. 이것은 어렸을 때 교육이 일생 동안 그 사람의 행동에 많은 영향력을 발휘한다는 말이다.

이것은 의학적으로 근거가 있는 말로서 어린아이가 태어났을 때 뇌에는 원래 140억 개의 세포가 있으며 이것은 나이가 먹으면서 점점 줄어든다. 그리고 뇌 세포는 재생되지 않는다. 뇌 세포 간의 연결고리(networking)가 형성되기 시작하는 것이 2살 때인데 그 전에는 뇌 세포가 따로 따로 놀아 연결고리가 아직 이루어지지 않은 상태로 존재한다. 3살 때까지 연결고리가 거의 완성되므로 3살 때가 뇌 세포 발달에 있어서 중요한 시기이다. 이때까지 이루어진 연결고리의 형성에 따라서 그 후 뇌 발달 속도가 달라진다고 한다. 정서발달에 중요한 영향을 미치는 2-10살 때까지 뇌가 필요로 하는 에너지는 어른의 2배가 되는데 이때 에너지의 일부는 연결고리가 형성될 때 필요하기 때문이다.

사람에게는 6가지 감정이 있는데, 즉 즐겁다거나 행복한 감정, 화내는 것, 슬퍼하는 것, 놀라는 것, 밉고 싫어지는 것, 무서운 것 등이 있는데 이러한 정서가 이 시기에 자리를 잡는 것이다. 또 심리학적으로 내성적, 인내심, 화 잘 내는 것, 주의집중력이 낮은 것, 변덕스러운 성질들은 기질적이고 선천적이라고 한다. 그러나 이것들도 감정, 정서가 예민한 어릴 때 의도적으로 교정함으로서 80%가 개조 가능하다고 한다.

전 세계의 유대인들은 그 수는 많지 않지만 프로이트, 마르크스, 아인슈타인, 키신저 등과 같은 석학을 배출하였고, 역대 노벨상 수상자의 32%가 유대인 혈통이다. 나는 유대인들이 유전적으로 다른 민족들보다 특별히 우수한 민족이라고 생각하지는 않는다. 이것은 아마도 일찍 어렸을 때부터 자녀교육을 시작했고 또 자녀들에 대한 철저한 신앙교육과 아울러 세상적인 교육에 대하여 기울인 남다른 관심과 노력 때문일 것이다.

유태인들은 자식이 4세가 되면 온 가족이 지켜보는 가운데 정중한 가족의식을 갖는다. 먼저 부모님이 설교를 한 후 흰 보자기에 싼 히브리어 문자 22자를 펴 보이며 글자 한자 한자를 가르친다. 글자에는 꿀이 발라져 있어 아이는 글자를 짚을 때마다 손가락에 꿀이 묻고 이를 빨아먹는다. 아이가 어릴 때부터 공부는 달고 맛있다는 관념을 심기 위한 방법의 하나이다.

또한 그들은 금요일 해가 지는 무렵부터 다음날 해질 무렵까지 안식일 의식을 통해 썰렁한 방에서 찬 음식을 먹으며 일주일을 반성하고 새로운 삶의 창조를 위한 가정교육을 받는다고 한다.

다음 경전구절은 옛날 이스라엘 사람들이 예배를 시작할 때마다 읽던 구절이다. 또 이스라엘 사람들은 4, 5세 때부터 이 말씀을 암송해서 하루에 두 번씩 아침과 저녁으로 암송하고 기도를 하는 그런 구절이다. 이러한 교육은 유대인들의 종교교육인 동시에 인성교육인 것이다.

"이스라엘아 들으라. 우리 하나님 여호와는 오직 하나인 여호와이시니 너는 마음을 다하고, 성품을 다하고, 힘을 다하여 네 하나님 여호와를 사랑하라. 오늘날 내가 네게 명하는 이 말씀을 너는 마음에 새기고 네 자녀에게 부지런히 가르치며 집에 앉았을 때에든지 길에 갈 때에든지 누웠을 때에든지 일어날 때에든지 이 말씀을 강론할 것이며 너는 또 그것을 네 손목에 매어 기호를 삼으며 네 미간에 붙여 표를 삼고 또 네 집 문설주와 바깥 문에 기록할지니라.(신명기 6:4-9)"

과거에 우리나라에서도 모든 국민이 유교사상을 숭상하고 그 교육을 받아 그 예법에 따라 생활하였다. 태어나서 4, 5세가 되면 서당에서 글을 배우는데 맨 먼저 한문을 읽을 수 있도록 천자문을 배우고 우주자연의 현상과 사람의 도리를 가르치는 계몽편(啓蒙篇)을, 다음은 동양 윤리도덕의 근본이 되는 오륜과 중국과 한국의 역사를 가르치는 동몽선습(童蒙先習)을, 다음은 어린아이들이 마땅히 하여야 할 일들을 가르치는 동몽수지(童蒙須知)를 차례로 배웠다.

우리나라의 유교학자 이퇴계 선생의 말씀에 의하

면 "가정은 인간의 도덕성이 배양되는 텃밭이며 인격의 수도장이다. 인간은 나면서 부모의 자애를 받으며 효심을 기르고 어른을 공경하며 형제 사이에 우애를 익힌다. 부부가 공경하여 가법의 기초를 닦는다. 이러한 인간의 성품에 근거한 도덕성이 가정에서 씨가 뿌려지고 자라고 열매 맺는다. 가정은 효제(孝悌, 부모에 대한 효도와 형제에 대한 우애)가 싹트며, 인(仁)·의(義)·예(禮)·지(智)가 발현되는 토대이다.

가정에서 모든 것은 부모의 모범으로 이루어져야 한다. 말을 하기 시작하면 대답하는 것부터 부모에게 교육을 받게 된다. 서책을 배우지 않더라도 모든 언어동작을 부모의 감독과 교육 아래서 연마한다. 아버지는 엄격하게 가르치고 어머니는 자애롭게 가르치지만 부모의 교육은 부모가 생존하는 동안 계속된다. 그리고 자신이 자녀를 두면서부터 자녀에 대한 모범이 되어야 한다."고 가르쳤다.

우리 아이들을 경우 바르고 규범 있는 아이로 교육시키기 위해서는 때로는 체벌을 포함해서 응분의 벌이 필요하다는 것을 알 수 있다. 체벌은 일종의 긍정적인 자극으로 멋모르는 어린이가 뜨거운 물체를 만졌다가 질겁을 하고 놀란 다음에는 그것을 무서워하고 절대로 만지지 않게 되는 것과 같은 원리이다. 인격형성이 되기 전 아직 사리분별을 모르는 10세 이하의 어린이에게 체벌은 유익한 약이 될 수가 있다.

오늘날에는 아이들을 하나의 인격으로 대하고, 때로는 친구와 같이 함께 뒹굴면서 놀기도 하는 아버지들이 많다. 그러나 필요할 때는 엄격한 충고를 잊어서는 안 된다. 아버지는 그의 자녀를 사랑하고 동시에 그로부터 존경하는 마음을 가지도록 하여야 한다. 그의 자녀를 사랑하지만 그러나 어느 정도의 위엄을 유지하여야 한다. 위엄과 함께 하는 사랑만이 자녀에게 효성을 불러일으킬 수 있다. 그의 아들과 적당한 거리를 유지하여야 한다. 적당한 거리 없이는 아버지가 자녀를 사랑하고 자녀는 아버지에 대한 효심을 기르게 하는 관계를 조장하는 것은 쉬운 일이 아니다. 지나치게 친밀한 관계는 아버지를 경시하게 할 수 있다.

아이들이 어렸을 때 좋은 습관을 드리도록 부모들이 하나하나 지적하여, 그리고 반복하여 가르쳐야 한다.

항상 자기의 주변을 잘 정리하게 하고, 외출했다 귀가할 때는 반드시 손발을 깨끗이 씻어 몸을 청결하게 유지하여 병을 예방하도록 한다. 또 몸을 지나치게 굴려서 피로하여 건강을 해치지 않도록 한다. 항상 부지런하고, 일찍 자고 일찍 일어나는 습관을 들이도록 한다. 친구와는 사이좋게 지내고, 무엇이든지 서로 나누어 갖도록 하고, 남에게 항상 친절하게 대하고, 남에게 피해를 주었을 때는 반드시 미안하다는 말을, 남이 자기에게 친절을 베풀었을 때는 감사하다는 말을 잊지 않도록 가르쳐야 한다.

항상 자세를 바로 갖게 하고, 말은 분명하게 하고, 사람을 보면 인사를 할 줄 알고, 약속을 잘 지킬 줄 알고, 정직하게 말하는 습관을 들이도록 가르쳐야 한다.

남을 위해 봉사할 줄 알고, 부모님께 공경하며, 형제간에 의좋게 지내도록 가르쳐야 한다.

❖ 채찍과 꾸지람이 지혜를 주거늘

옛날에는 어린아이들을 교육하는 방법으로써 매는 필수적이라고 생각했다.

옛날 서당에 아이를 맡긴 부모는 싸리나무 한 묶음 꺾어 훈장에게 갖다드리는 관례가 있었다. 그 회초리로써 내 자식 매질하여 잘 길러 달라는 뜻에서다. 회초리로 종아리를 때려 훈계한다는 뜻의 달초(撻楚)란 말이 그래서 나왔다.

구세대에는 어렸을 때 회초리를 맞고 자란 사람이 많다. 안방 장지문 위에는 가느다란 싸리나무 가지가 몇 개씩 얹혀 있었다. 동생과 싸우거나, 거짓말을 하거나, 하라고 한 일을 하지 않았거나, 또 학교 성적이 떨어져도 부모 앞에 종아리를 걷고 매를 맞았다. (「조선일보」 이규태 칼럼)

영국 명문 출신인 처칠 소년도 곧잘 굴욕적인 체벌을 받았다. "나는 학교를 저주했었다. 수업 중에 사소한 소란을 피우기만 하면 우리는 피가 흐를 때까지 회초리로 맞았다. 그리고 그러는 동안 다른 학생들은 공포에 떨면서 그 비명 소리를 들어야 했다."고 술회하고 있다.

가장 늦게까지 체벌이 허용된 문화권이 청교도 정신이 잔존된 영미 문화권(영국과 그 식민지였던 미국, 캐나다, 인도, 오스트레일리아, 뉴질랜드 등 28개 나라들)과 한국 등 선비정신이 애오라지 숨쉬고 있는 선비 문화권이랄 수 있다.

이 영미 문화권에서 체벌이 법적으로 문제가 됐을 때마다 'In loco parentis' 곧 스승은 '부모로부터 신탁된' 징계권을 갖고 있다는 신념이 체벌을 옹호하곤 했다.

그 체벌의 종주국 영국에서 최근에 앞으로는 어떤 형태의 체벌도 불법화한다는 학교기준 행동법이 발효하기 시작했다. 이에 40개 기독교계 사립학교들이 반대, 회초리를 사용할 수 있는 권리를 지키고자 인권법원에 제소하기로 했다 한다. 교사연합회에서도 교육을 반죽임 시켰다고 항의하고 일부 학부모들도 교사의 부모 대신권을 내세워 이 불법화를 반대하고 있으나 대세를 거스르기에는 역부족이라 한다. 이렇게 하여 세상 마지막 서식처로부터도 체벌은 앉을 방석을 빼앗긴 셈이다.

어린 자녀의 체벌에 대한 6세기 중국의 유명한 학자였던 안지추(顔之推, 531-591)의 견해를 들어보자. 어린아이의 나쁜 행동을 그때그때 바로잡아 주지 않아 만일 그것이 습관이 되면, 이미 너무 늦어서 그를 바꿀 수 없게 된다. 습관은 제2의 천성이다. 나쁜 습관이 이미 형성되었을 때는 체벌도 아무 소용이 없게 된다. 벌은 어린이에게 분노를 자아내게 할 뿐이다. 그러한 어린이는 성장하였을 때 문제를 일으킬 수밖에 없다.

어린아이 교육에 있어서 체벌이 필요할 때가 있다. 아이를 벌줄 수 없다고 말하는 사람은 그에게 유익보다는 해를 더 주게 된다. 어떤 부모들은 아이의 자긍심을 잃는 것을 원하지 않기 때문에 벌을 주지 않는다고 주장한다. 그러나 물어보자. 사람이 아프면 약이 쓰기 때문에 약을 주지 않는가? 아이를 벌주는 부모는 그렇게 함으로써 결코 기쁨을 맛보기 때문이 아니다. 그것은 단지 다른 대안이 없기 때문에 어떤 상황 하에서 그러한 단호한 조치를 취할 뿐이다. 가장 잘못되는 일은 아이를 이미 다 버린 후에 벌주는 것이다.

교육은 천재나 천치에게는 별로 소용이 없다. 보통 아이에게 의미가 있는 것이다.

도덕적인 본보기로 자녀를 가르치는 것이 가장 좋은 방법이다. 그러나 도덕적인 영향은 한계가 있다. 도덕적인 설득이 끝나고 벌이 시작되는 시점이 있다. 적절한 벌이 없이는 버릇이 나쁜 아이는 나쁜데서 더 나빠질 것이다. 가정을 운영하는 일은 나라를 운영하는 것과 같지 않다. 법적 정의가 없이는 나라를 운영할 수가 없다. 잘한 행동에 대해서 상을 주고 잘못된 행동에 대해서 벌을 주지 않고 가정을 관리할 수 없다. 너무나 관대한 것은 가혹한 것처럼 나쁘다. 가장 좋은 것은 이 두 가지 사이에서 균형을 취하는 것이다.

미국의 아동양육 전문자인 스티픈 파커(소아과 의사, 「스포크박사의 육아법」 저자)의 이야기를 들어보자.

자녀를 진정으로 사랑하는 부모는 자녀들에게 해

서는 안 되는 일이 무엇인가를 분명히 가르쳐야 한다. 자녀교육의 핵심은 '사랑이 깃들인 엄격함'이다.

대화나 놀이 등을 통해 자녀와의 유대를 깊이 쌓으면서도 잘못은 용납하지 않는 것과 부모가 먼저 올바른 모습을 보여 말로써 가르치지 않고 행동으로 가르친다. 독립적인 판단을 강조하며 행동에 대한 책임도 스스로 지도록 한다. 체벌 자체를 반대하지 않지만 잘못된 체벌은 더욱 잘못이다.

매보다는 '타임아웃'이라는 방법을 쓰는 것이 바람직한데 3세 이상의 아이들이 잘못을 저지르면 5분 정도 거실의 의자에 앉히거나 화장실이나 따른 방에 홀로 두는 것이다. 이때 단호하게 잘못을 알려주고 완력을 써서라도 벌을 집행해야 효과가 있다.

최근 미국 사회에서 청소년들의 범죄, 마약문제가 심각해지면서 아동교육에 있어 엄격한 훈육의 중요함은 더욱 강조되어 있으며 이것은 세계적인 경향이다.

매 또는 상과 벌을 인간 행동심리학적 관점에서 고찰해 보자.

우리가 어떠한 행동변화를 이끌기 위해서는 자극을 통한 학습이라는 과정을 거치게 되는데, 유쾌하거나 바람직한 긍정적 자극이나, 또는 기분 나쁘거나 고통스러운 부정적인 경험을 통하여 얻게 된다고 한다.

자신의 행동이 보상받는 행동일 경우 그것을 더 계속하려하고 처벌을 받는 행동은 피하려고 한다. 처벌은 반응을 함으로써 혐오자극이 출현하여 그 반응이 다시 발생하게 될 확률을 낮추는 것을 의미한다.

부모들은 바람직한 행동에는 그 행동을 격려해주며, 바람직하지 못한 행동이 나타났을 때는 그것을 처벌한다. 그렇지만 칭찬과 처벌은 교육효과에 있어서 약간 다른 가치를 갖는 것 같다. 대체로 칭찬은 칭찬 받은 바람직한 행동을 계속 유지하게 해 줄 뿐 아니라 칭찬 받은 사람에게 좋은 감정을 가져다주는 이점을 갖는다.

반면에 처벌을 교육의 주된 수단으로 사용하는 경우 바람직하지 못한 행동이 처벌과 연합될 뿐 아니라 처벌한 사람과도 연합되어 상호간에 부정적 감정을 유발시킬 수 있다. 또한 행동을 처벌하는 것은 그 행동의 출현을 방지하는 한정된 효과만을 갖는다. 그러므로 행동을 처벌하고자 할 때는 처벌의 대상이 행동한 사람이 아니라 행동 자체라는 것을 항상 분명히 하여야 하며, 처벌된 바람직하지 못한 행동 대신에 어떤 행동을 하여야 할 것인지에 대한 정보를 함께 제시하도록 노력해야 한다.

아이들은 또한 칭찬을 받을 행동을 했을 경우 말로 칭찬하는 것은 물론 사탕이나 과자를 받는 경우 그 효과는 더욱 증대된다. 다음에는 그러한 부수적인 보상이 없어도 칭찬을 듣기 위한 행동을 계속하게 되는 것이 보통이다. 자본주의 사회에서 가장 중요시되는 보상들 중의 하나는 금전적 보상이다.

인간은 두려움을 주는 권위에 의해서 행동의 제어를 받게 되어 있다. 어렸을 때는 부모나 선생의 매가 권위이고, 성인이 되어서는 법과 하나님의 권위가 대신한다. 어렸을 때 매를 맞지 않으면 성인이 되어서 법의 매를 맞게 된다.

자유라는 명목으로 방종과 무질서가 용납되어서는 안 된다. 권위가 자리를 잃어가는 현대사회에서 우리는 어떻게 인간의 방종을 제어하여 안전하고 평화로운 생활을 영위할 수 있을 것인가? 어떠한 일을 성취하기 위해 불가피하게 사용하였던 당근과 채찍 전략은 이제 필요 없는 말일까?

인류역사와 함께 인간훈련의 효율적인 도구로 사

용된 매는 과연 필요 없는 것이었을까? 그렇다면 왜 그렇게 오랜 세월 동안 그 교육 방법이 자리를 지켜 왔을까?

체벌이 유익한 경험으로 기억되거나 나쁜 기억으로 남느냐 하는 것은 어떻게 하느냐가 문제이다. 가장 합리적인 체벌 방법을 제시하고자 한다.

1. 벌에는 권위와 두려움이 있어야 한다. 옆에 있는 빗자루나 손을 사용해서는 안 되고 정해진 매체(예 : 회초리)를 사용한다. 어떤 행동에 대해서 때릴 매수를 정한다.
2. 이성을 잃고 감정적으로 흥분 상태에서 화풀이로 때려서는 안 된다. 자녀교육을 위한 것이므로 화가 풀린 다음 매를 든다.
3. 상습적으로 매를 들어서는 안 된다. 자녀는 으레 때리는 것으로 알아서 매의 효과가 낮다.
4. 상처를 남지 않도록 하여야 한다. 상처가 나는 부위를 때려서는 안 된다.
5. 벌과 용서를 반씩 한다. 진실 되어 보이는 반성을 할 때 때리게 되지 않는다.
6. 교육을 위한 매는 유아기에서 소년기 동안만 들어

야 한다. 특히 유의하여야 할 것은 꾸짖거나 체벌을 가한 후에는 그에게 더 큰 사랑을 나타내 보여 반감을 일으키지 않도록 하는 것이 중요하다.

잠언(23:13-14)에도 보면 "아이를 훈계하지 아니치 말라 채찍으로 그를 때릴지라도 죽지 아니하리라. 그를 채찍으로 때리면 그 영혼을 음부에서 구원하리라. 채찍과 꾸지람이 지혜를 주거늘 임의로 하게 버려두면 그 자식은 어미를 욕되게 하느니라."라고 되어있다.

"또 무릇 징계가 당시에는 즐거워 보이지 않고 슬퍼 보이나 후에 그로 말미암아 연달한 자에게는 의의 평강한 열매를 맺느니라."(히브리서 12:11)고 하였다.

❖ 내가 할래요

어미 닭의 새끼에 대한 정성은 알을 품을 때부터 시작된다. 눈만 뜨면 먹이만을 찾아다니는 것으로 미물의 근성을 그대로 보이는 것이 닭이다. 그러나 천박한 짐승으로만 보는 시각은 알을 품을 때의 암탉의 헌신적 태도를 보면 바뀔 수밖에 없다. 병아리를 깨기 위하여 알을 품는 기간은 21일인데 그 기간 동안 암탉은 그야말로 식음을 전폐하다시피 한다. 하루에 한두 번, 그것도 잠간씩 우리에서 내려와 물과 모이를 먹을 뿐이다. 암탉의 희생정신은 병아리가 깨어난 후 더 더욱 적극성을 띈다. 깃털을 세워서 경계의 표시를 할뿐만 아니라 꾹꾹 소리를 내면서 어린 병아리에 적이 접근하는 것을 막는 것이다. 평상시 같으면 애들의 발길질에도 쫓기기 바쁘던 것이 병아리를 거느리게 되면서 오히려 개나 고양이에게도 공격 자세를 취한다.

그러나 어미 닭의 이러한 희생적 태도는 어느 날

갑자기 돌변한다. 병아리의 꼬리가 손가락 두 마디만큼 자랄 무렵 어미 닭은 새끼병아리를 부리로 쪼기 시작한다. 이제 어제의 헌신적 태도는 어디서도 찾아볼 수 없다. 병아리들은 의아해 하다가 몇 번이고 어미 닭에게 달려가서는 번번이 쪼이고 만다. 어미닭은 병아리들을 뒤돌아 볼 것도 없이 수탉과 어울리는 평상시의 닭으로 돌아가 버린다. 그 때의 병아리들은 어디 의지할 곳 없이 허전해한다.

어미 닭으로부터 정을 떼인 병아리들은 닭으로서의 생활을 독자적으로 해야 한다. 처음에는 같은 처지의 병아리들끼리 옹기종기 모여 의지하며 지낸다. 그러나 그들은 곧 제각기 병아리 아닌 한 마리의 닭으로 독립해야 한다. 병아리 딱지를 뗐다는 기쁨도 있겠지만 뚜렷한 것은 앞날에 대한 막연한 불안감일 것이다.

한국사회는 본격적으로 산업화가 이루어진 것이 기껏 30-40년에 불과하다. 오랜 역사를 가진 농업사회에서는 본질적으로 부모와 자녀가 상호 의존적일 수밖에 없다. 따라서 부모들은 자녀들을 위하여 모든 것을 희생하고 부모들이 노동력이 떨어지면 자녀들에게 의존할 수밖에 없는 사회구조였었다. 더구나 선진사회에서와 같이 연금제도가 정착된 사회와는 구별될 수밖에 없다. 최근 한국도 산업사회로 발전되었고 연금제도도 도입되어 부모자녀 간의 의존관계가 서서히 사라져 가고 있다. 그러나 전 세대로부터 이어오는 부모자녀 간의 전통관념은 쉽게 변화될 수는 없는 것이다. 더구나 본능적으로 자녀에게 사랑을 쏟는 부모들로서는 고정관념을 변화시킨다는 것은 시간을 요하는 문제일 것이다. 그러나 우리 사회도 서서히 변화하고 있다. 서구 산업사회에서 흔히 볼 수 있는 바와 같이 자녀에게 자립심을 키워주고 부모가 모아 놓은 재산을 자녀에게 물려주지 않고 사회에 환원하려고 하는 사람들이 늘어가고 있는 실정이다.

여기에 전형적인 산업사회에서 자녀들에게 자립심을 키워주는 독일의 가정교육을 인용하고자 한다.

"Ich Will."(내가 할래요.)

한국에서의 '순종'이 가정교육의 핵심이라면, 독일에서는 아마도 자립심교육이 중점이 될 것이다. 거기엔 질서, 청결, 책임, 개인주의 등이 포함되어 있는 개념이다.

아이가 말귀를 알아듣는 시기가 되면 일상 생활에서부터 아이의 자립심 교육은 시작된다. 무엇이나 제 혼자 하도록 부모는 옆에서 지켜보고 서서 말로만 거들어주며 격려해준다. 아이가 혼자 앉을 수만 있게 되면 홀로 숟가락질을 하도록 지켜봐 준다.

우리는 흘릴까봐, 안(못) 먹을 세라 다 큰 아이도 먹여주며 애정(?)으로 간섭하는데, 독일 부모는 '냉정한 사랑'을 하는 것 같다. 숟가락질 배우는 아이가 온통 '밥나무'를 만들며 주위를 지저분하게 만들어도 '청결광'으로 이름난 독일 사람이라도 그것만은 인내해 준다.

길 가다가 제 아이가 넘어졌을 때 우리와는 대조적이다. 우리는 달려가 우는 아이를 일으켜 세우며 한술 더 떠 돌뿌리를 나무라며 아이를 위로한다. 반면 그들은 아이 자신이 스스로 털고 일어날 때까지 기다리며 잘못이 어느 쪽인가 물어간다. 실수의 현장을 잽싸게 잡아 교육장으로 바꾸는 독일 부모는 어떻게 보면 다들 냉엄한 교사들 같다. 이와 같은 교육철학을 가진 이들은 어린아이에게도 인간 존엄성을 부여

하고 독립된 인격체로 여겨 민주적 실험을 가정 안에서 하고 있다. 그래서 부모는 자녀에게도 과격한 명령법이나 무시하는 말은 삼가한다. 자녀를 존중하곤 의사를 묻는 대화법(Moechtest Du? ……할까?, Willst Du? ……하고 싶니?)을 쓴다. 독일인에게 가장 큰 수치는 자기 책임의 방기나 의타심이며 타인을 쓸데없이 간섭하고 타인을 존중치 않는 일 등이라 말할 수 있다. 우리와 전혀 다른 문화권을 이룬 독일인이 한국 정서로 보면 썰렁하고 때론 '살맛 덜 나는 사회' 같지만, 그러한 자립심-책임감-개체의식을 통해 오늘날 선진문화대국을 이뤘다고 생각하면 우리의 순종적-적응적 교육의 문제점을 재고해야 하지 않을까?

가정 안에서 습득된 자립심·자율성·책임감을 자기 것으로 더욱 확고하게 키우기 위해서는 제 2단계의 실험장을 거쳐야만 한다. 그것이 바로 18세 생일을 맞는 성년식에서 선포된다.

18세면 '어른'이므로 부모의 의존을 벗어나 사회시민, 세계시민으로 책임감과 자립을 배우기 위해 부모 집을 떠나야만 한다. 부모 집에 더 있고 싶어도 특별한 허락 없이는 불가능한 관계로 변한다. 18세 성년은 그 때부터 자립경제를 세워야 한다. 학비는 거의 무료이므로 생활비 조달은 부모의 최소한의 보조금과 자신의 아르바이트를 통해 해결한다. 이 때 부모지원이 빈약할 시만 정부보조금이 나온다. 출가(出家)한 독일청년(처녀)들은 졸지에 학업에, 생활에, 경제생활까지 스스로 책임져야 하는 삼중고에 시달린다. 생활필수품 사들여 오기, 밥, 빨래, 청소, 정리정돈하기, 기숙사 함께 청소하기, 시간 쪼개어 아르바이트하기, 밀린 숙제하기, 축제와 토론하기, 데이트하기 등.

이 때 독일 청년(처녀)들은 인간으로, 사회인으로 훌쩍 커버린다. 이것은 그들이 '홀로 서기' 몇 달 만에 부모님 집을 찾아가 머리를 조아리며 고백하는 첫마디에서 알 수 있다. "일상생활을 유지한다는 것이 이렇게도 어렵고 귀한 것입니까? 이제서야 부모님의 은공을 알 수 있을 것 같습니다."

젊은이들의 '자기 삶 자기 손으로 꾸려보기' 실험이야말로 어떤 교육보다 더 빠르고 정확하며 깊고 넓은 교육법이라 생각된다. 왜냐하면 생명을 유지시키기 위해 필요한 자질구레한 일들, '하찮고' 번거로운 일들 속에서 생명이 살아난다는 숨겨진 진리를 몸소 체득할 때, 인간은 생명(부모)을 알고 사회와 역사를 감지하여 허세가 없어지고 겸손해지며 성숙하게 되기 때문이다. (손덕수, 〈철학과 현실〉 95 겨울)

❖ 발돋움해서는 오래 서지 못한다

구약성경에 보면 고대 바빌로니아에 느부갓네살이라는 왕이 있었다. 그가 어느 날 꿈을 꾸었는데 그 내용은 다음과 같다. (다니엘 4장)

굉장히 큰 나무가 하나 세상 복판에 서 있는데 너무도 우람하여 키가 하늘까지 닿았고 땅 끝 어디에서나 바라보였다. 잎사귀들은 싱싱했고, 열매는 세상 사람이 다 먹고 살 만큼 많이 열려 있었다. 들짐승들이 그 그늘 밑으로 찾아 들었고, 공중의 새들이 그 나무 가지에 깃들었으며, 온 세상 사람이 그 나무에서 나는 것을 먹고 살았다.

잠자리에 누워서 이런 것들이 머리를 스치고 지나가는데 이번에는 하늘에서 거룩한 감독원 하나가 내려오더니 이렇게 외치는 것이었다.

"이 나무를 찍어라. 가지는 잘라 내고 잎은 흩뜨리고 과일은 따 버려라. 짐승들로 하여금 그 밑을 떠나게 하고 새들로 하여금 가지를 떠나게 하여라. 그러나 등걸과 뿌리만은 뽑지 말아라. 쇠사슬, 놋쇠사슬로 묶어 풀밭에 버려 두어라. 하늘에서 내리는 이슬에 몸을 적시고, 짐승들과 어울려 풀이나 뜯게 버려두어라. 사람의 정신을 잃고 짐승처럼 생각하면서 일곱 해를 지내야 하리라.

이것은 인간 왕국을 다스리는 분은 지극히 높으신 하느님이라는 것을 살아 있는 자들에게 알리려는 것이다. 하느님께서는 겸손한 사람을 좋게 보시고 그런 사람을 높은 자리에 앉히시어 나라를 다스리게 하신다."고 하였다.

이스라엘의 선지자, 다니엘이 왕으로부터 그 꿈 이야기를 듣고 크게 놀라며 잠시 난처한 기색을 보이고 망설이더니 천천히 이야기하기 시작하였다.

"임금님, 그런 꿈은 임금님의 원수들이 꾸었더라면 좋았을 뻔했습니다. 해몽도 임금님의 적에게나 해 주고 싶습니다. 임금님께서 보신 그 나무는 크고 우람하여 하늘까지 닿았고 세상 어디에서나 볼 수 있었다고 하셨지요? 잎사귀들은 싱싱하고 열매는 세상 사람들이 다 먹고 살 만큼 많이 열렸으며 들짐승들이 그 밑으로 찾아 들었고 가지에는 공중의 새가 깃들었다고 하셨지요?

그 나무는 바로 임금님이십니다. 임금님께서는 그처럼 위대하시고 세력이 크십니다. 임금님의 세력은 하늘까지 뻗고 세상 끝까지 다스릴 만합니다. 그런데 임금님께서 보신대로 하늘이 보낸 그 거룩한 감독원이 땅에 내려와 이렇게 외쳤다고 하셨지요? '그 나무를 찍어 버려라. 그러나 등걸과 뿌리만은 뽑지 말아라. 쇠사슬과 놋쇠사슬로 묶어 풀밭에 버려 두어라. 하늘에서 내리는 이슬에 몸을 적시고 들짐승들의 먹이나 얻어먹으며 일곱 해를 지내리라.'

임금님, 해몽은 이렇습니다. 그것은 지극히 높으신 하느님께서 임금님을 두고 내리신 판결입니다.

임금님께서는 세상에서 쫓겨나 들짐승들과 같이 살게 되셨습니다. 소처럼 풀을 뜯고, 하늘에서 내리는 이슬에 몸을 적시며 일곱 해를 지내게 되셨습니다. 그리고 나서야 인간 왕국을 다스리는 분이 바로 지극히 높으신 하느님이심을 깨닫게 되실 것입니다. 그리고 지극히 높으신 하느님께서는 겸손한 사람을 좋게 보시고 그런 사람을 높은 자리에 올려 앉혀 나라를 다스리게 하신다는 것을 깨닫게 되실 것입니다. 나무등걸과 뿌리만은 그대로 두라고 한 것은, 임금님께서 하늘이 세상을 다스린다는 것을 깨닫게 되시면 이 나라를 임금님께 다시 돌려주신다는 뜻입니다.

임금님께서는 이제 소인이 드리는 의견을 기꺼이 받아들여 주십시오. 선을 베풀어 죄를 면하시고 빈민을 구제하셔서 허물을 벗으시기 바랍니다. 그리하면 길이 태평성대를 누리실 것입니다."

꿈을 꾸고 열 두 달이 지난 어느 날, 왕은 바빌론 궁궐 옥상에 있는 동산을 거닐면서 혼자 중얼거렸다.

"내 손으로 공들여 세운 대 바빌론, 이것이 바로 내 영광을 떨치는 나의 왕도로다."

이 말이 채 끝나기도 전에 하늘에서 큰 소리가 들려 왔다.

"너 느부갓네살은 들어라. 네 왕조는 끝장이 났다. 너는 세상에서 쫓겨나 들짐승과 어울려 살며 소처럼 풀을 뜯어먹을 것이다. 그렇게 일곱 해를 지낸 뒤에야 너는 왕국을 다스리는 분은 지극히 높으신 하느님이라는 것과 그분은 자기의 마음에 드는 사람에게 나라를 맡기신다는 것을 깨닫게 될 것이다."

느부갓네살은 당장에 그 말대로 되었다. 그는 세상에서 쫓겨나 소처럼 풀을 뜯어먹으며 몸은 하늘에서 내리는 이슬에 젖었고, 머리는 독수리 깃처럼 텁수룩하게 자랐으며 손톱 발톱은 새 발톱처럼 길어졌다.

"나 느부갓네살은 기한이 차서 고개를 들어 하늘을 쳐다보다가 제 정신이 들어 지극히 높으신 하느님을 칭송하였다. 영원히 살아 계시는 이를 우러러 찬양하였다. 주는 영원히 왕위에 앉으시어 만대에 이르도록 다스리실 왕이시라. 땅 위에 사는 사람이 다 무엇이냐? 하늘 군대도 마음대로 부리시는데 하물며 땅 위에 사는 사람이랴! 누가 감히 그를 붙잡고 왜 이러시느냐고 항의할 수 있으랴?

바로 그 때 나는 제 정신을 되찾았고, 다시 임금이 되어 영광을 떨치며 영화를 누리게 되었다. 고문관들과 대신들이 나를 찾아 와 나를 다시 왕으로 받들게 되어 나는 전보다 더한 영광을 떨치게 되었다.

그래서 이제 나 느부갓네살은 하늘 임금님께 영광을 돌리며 그를 높이 찬양한다. 하늘 임금님께서 하시는 일은 다 옳고, 가시는 길은 항상 곧아서 잘난 체하는 자들을 꺾으신다."

세상 사람들이 교만하게 되는 것은 무엇보다도 느

브갓네살왕과 같이 세상적인 권력을 잡았을 때이다. 권력은 명예가 따르고 부가 따르고 우월감이 따르기 때문이다. 또 권력의 덕을 보기 위하여 많은 추종자들이 그 뒤에 몰려들게 마련이다.

다음으로 부를 축적했을 때이다. 부족한 것이 없기 때문에 남에게 굽힐 필요가 없다. 많은 사람들이 자기 앞에 와서 굽실거린다. 어떤 사람들은 부자들에게 극도의 존경을 표시하고 비굴할 정도로 아첨하는 사람들도 있다. 이런 것들이 부자들로 하여금 교만하게 만든다. 때로는 그들은 자기보다 가난한 사람들을 업신여기고 내려다보며 상대도 잘 안 해준다.

시에스 루이스는 "교만은 무언가를 갖고 있는데서 즐거움을 얻는 것이 아니라, 다른 사람보다 더 많이 갖고 있는 데서 즐거움을 얻는다. 비교하는 것, 즉 다른 사람의 위에 있다는 즐거움은 인간을 교만하게 한다. 비교의 요소가 사라지면, 교만도 사라진다."라고 말했다.

또 사람들은 외모를 가지고 교만하게 된다.

부처님 살아 계실 때 '옥야'라는 여자가 있었다. 그녀는 부자 집 딸로서 용모가 뛰어나게 아름다웠다. 옥야는 불교 교단에 기원정사라는 절을 지어 기증한 수다타라는 사람의 며느리로 시집을 갔다. 그러나 그녀는 친정집이 부자이고 자기가 남보다 예쁜 것을 믿고 매우 교만했다. 시부모도 잘 모시지 않았고 남편에게도 소홀했다. 가난한 이웃들에 대해서는 언제나 경멸의 눈초리를 보냈다. 남을 경멸하고 잘난 체 한 죄일까. 옥야는 결혼한 지 7년이 지나도 아기가 없었다. 또 그토록 자랑으로 여기던 얼굴에는 부스럼이 나서 남 앞에 나설 수가 없었다. 옥야는 이 때문에 많은 고통을 당했다. 옥야의 사연을 전해들은 부처님은 그녀를 찾아가 이렇게 설법했다.

"불쌍한 여인이여, 사람은 얼굴이나 몸매만 아름다워야 진실로 아름다운 것이 아니다. 마음이 아름다워야 진실로 아름다운 것이다."

옥야는 부처님의 말씀을 듣고 남을 경멸하고 아름다움을 뽐내던 잘못을 뉘우쳤다. 그녀는 그 뒤 남을 사랑하는 아름다운 마음을 되찾아 진실로 몸과 마음이 아름다운 여자가 되었다고 한다.

또 지식이 많은 사람들은 교만하다. 그들은 이 세

상의 모든 것을 다 알고 있다고 생각하며 자기 나름대로의 일가견이 있어 남에게 그의 의견을 굽히지 않는 사람들이다.

이들은 논쟁을 좋아하고 남을 시기하고 분쟁을 일으키고 훼방하기를 좋아한다. 이러한 사람들은 대개 고집이 세어 가르칠 수 없다. 다른 사람을 사랑하기도 힘들고 사랑을 받기도 어렵다. 올바른 말을 해주어도 받아주지 않는다. 다른 사람과 더불어 살 줄 모른다. 항상 불평을 말한다. 따라서 시련을 받게 된다.

성경의 잠언에 보면 여호와의 미워하는 것 곧 그 마음에 싫어하는 것 몇 가지가 있는데 그 중에 교만한 눈이 있으며, 교만은 패망의 선봉이요, 거만은 넘어짐의 앞잡이라고 하였다.

동양의 성인들은 항상 겸양의 덕을 강조하였다. 「노자」 24장에 다음과 같은 말이 있다.

발돋음 해서는 오래 서지 못한다.
발꿈치를 들고 서 있는 자는 오래 서 있을 수

없고,
가랑이를 벌리고 걷는 자는 오래 걸을 수 없다.
스스로 드러내는 자는 밝지 아니하고,
스스로 옳다하는 자는 빛나지 아니하고,
스스로 뽐내는 자는 공이 없고,
스스로 자만하는 자는 으뜸이 될 수 없다.
이것들은 도에 있어서는 찌꺼기 음식이요 군더더기 행동이라 한다. 만물은 이런 것을 혐오한다. 그러므로 도를 체득한 자는 그런 곳에 처하지 아니하리니.

공자는 「주역 계사전」에서 이르되, "힘써 이룬 바 있으나 자랑하지 않고, 공이 있으나 떠벌리지 않음이 더 없는 두터움이니 이는 자기의 공을 남에게 돌리는 것을 말한다. 유덕한 말은 사람을 크게 만들고, 예의 바른 말은 공손함이니, 자기를 낮춤은 공손함에 이르러 그 지위를 보존하게 된다."고 하였다.

❖ 사람의 생각이 어떠하면

성경 잠언에 보면 "대저 그 마음의 생각이 어떠하면 그 위인도 그러한즉"(잠 23:7)이라는 말이 있다. 사람은 문자 그대로 그가 생각하는 바대로 되며, 그의 인품은 그의 생각의 완전한 결산이라 말할 수 있다. 이러한 주제에 관하여 헨리 반다이크(미국 목사 겸 저술가. 1852∼1933)는 다음과 같은 시를 썼다.

생각은 물질이다.
나는 생각이 물질임을 안다.
육신과 호흡과 날개를 가지고 있어서
우리는 이를 날려서
세상을 선이나 악으로 채운다.

우리가 은밀한 생각이라고 부르는 것도
지구의 끝까지 날아가 퍼져
사람이 딛고 간 땅 위에 발자취가 남듯

그것은 축복이나 화를 남긴다.

우리는 생각에 생각을 더해 미래를 건설하나
그것이 좋은지 나쁜지는 아직 모른다.
그렇게 우주가 창조되었다.

생각은 운명의 또 다른 이름이니
그렇다면 너의 운명을 택하고 기다려라.
사랑은 사랑을 낳고, 질투는 질투를 낳는다.

서양 격언에 "생각은 행동을 낳고, 행동은 습관을, 습관은 성품을, 성품은 운명을 낳는다."라는 말이 있다.

사람은 자신이 생각한 대로 될 뿐만 아니라 대개는 그렇게 보이게 마련이다. 만일 그가 전쟁의 신을 존경한다면 그의 얼굴에는 굳은 선이 맺어질 것이다. 만일 그가 욕정의 신을 섬긴다면 그의 외모에는 방탕한 모습이 드러날 것이다. 만일 그가 평화와 진리의 하나님을 섬긴다면 근엄한 모습이 드러날 것이다. 어느 생각 깊은 시인은 다음과 같은 시를 지었다.

내가 보고 싶은 인간의 얼굴

영혼의 고통을 따르고 싶은 그 얼굴은
두루마리에 적힌 모든 생각과 느낌을
영이 새롭게 적어 놓은 얼굴뿐.
거기엔 마음이 그의 악행을 말하고
거기엔 가장 숭고한 행위가 말한다.
결혼을 선포하고 축제를 알리는
은은한 종소리처럼.

— 작자 미상

제임스 앨런이 그의 유명한 저서인 「생각이 어떠하면」이라는 책에서 지적했듯이 이 원리는 정신적이며 영적인 영역에서도 그대로 적용된다 하겠다.

식물이 씨를 뿌리지 않고는 자라날 수 없는 것처럼 인간의 모든 행위도 생각의 숨은 씨앗에서 싹트며 그것 없이는 나타날 수가 없다. 이것은 고의로 행해지는 행위에는 물론, 소위 '무의식적'이거나 '우연한' 일이라고 말하는 행위에도 똑같이 적용된다. 인간은 생각의 제조창에서 자신을 망치는 무기를 만들어 낸다. 그는 또한 스스로 기쁨과 힘과 평안이 깃든 하나님의 저택을 만들 수 있는 연장도 제조해 낸다. 이 극단의 두 가지 사이에 온갖 종류의 성품이 있으니 인간은 그것을 만들어 내는 사람인 동시에 주인이기도 하다. 인간은 사상의 주인이며 성품의 제조자이며 소질, 환경, 운명의 창조자요 형성자인 것이다.

각 개인의 손에는 선하건 악하건 조용하고 알지 못하며 보이지 않는 삶의 힘인 기이한 힘이 주어졌다. 이것은 그가 무엇이 되려고 하는 데서 오는 것이 아니라 그가 현재 존재한 상태에서 끊임없이 발산하는 빛인 것이다. 삶이란 끊임없는 발산과 흡수의 상태라 말할 수 있다. 존재한다는 것은 빛을 발하는 것이다. 존재한다는 것은 빛을 받는 것이다.

인간은 끊임없이 타인에게 좋게, 나쁘게 영향을 미치며 일순간이라도 자기 인품의 빛을 발하지 않을 수가 없다. 그는 그것이 무의식적인 힘이라고 말함으로써 책임을 회피할 수는 없다. 그는 빛이 발산되기를 원하는 그런 특질을 택할 수 있다. 그는 조용함, 신뢰, 관용, 진리, 정의, 충성심, 고상함 등의 특질을 택해서 이들이 그의 성품에 주요한 요소가 될 수 있게 할 수 있으며, 이러한 특질로 그는 끊임없이 세상에 훌륭한 영향을 미칠 수 있다.

사회를 변화시키기 위해서는 외부의 환경을 바꾸어

변화시킬 수도 있으나 가장 근본적인 해법은 인간 내면으로부터 변화를 통하여 이루는 것이다. 제일 우선 되어야 하는 것은 사회를 이루는 구성원들의 사고방식과 가치관에 있어서 근본적인 변화를 유도해야 한다. 인류역사 이래 많은 성인들이 인간들의 사고방식을 바꾸도록 하기 위하여 여러 가지 방편을 마련하였다. 각 문화권에 따라 대표적으로 기독교, 이슬람, 힌두교, 불교, 유교 등이 출현하여 각각 그 문화권의 질서와 안정과 화평을 이루었다. 그러나 현대는 이들 문화의 기틀을 이루는 권위가 무너져 가면서 방향을 잃어가고 있으며, 그때그때 유행하는 사조에 따라서 즉흥적으로 대처하고 있다. 더욱이 범람하는 대중매체가 그 사회의 사고방식과 행동양식에 엄청난 영향을 미치고 있다. 그렇다면 앞으로 우리사회의 질서와 안정과 화평을 가져다 줄 가치관은 무엇이 되어야 하는가? 아마도 오랜 역사동안 사회를 유지시켜온 구시대 가치관과 아우르는 이성적 가치관이 되어야 하지 않을까?

8

돈

❖

❖ 욕심이 잉태한 즉 죄를 낳고

사람이 태어나서 추구하는 최고의 목표는 무엇인가? 그것은 바로 행복이다.

독일의 문호 괴테만큼 부귀영화를 평생 누린 인물도 드물 것이다. 그러했던 그가 "나의 생활은 결국 노고와 일 그것 외에 아무 것도 아니었다. 나의 75년의 생애 중에 진실로 행복했던 기간은 불과 4주쯤이었다. 그것, 즉 행복은 끊임없이 새로 올려놓고자 해도 영원히 되 굴러내리는 돌멩이였다."고 고백하였다.

고금 3대 시성의 한 사람이요 최고의 지성이자 한 나라의 재상까지 지낸 사람이 일생에 채 한 달도 참된 행복을 누리지 못하였다면 과연 행복이란 무엇이며 어디에서 찾아야 할 것인가?

행복만을 바라보고 쫓아가는 한
너는 행복을 누릴 만큼 성숙하지 못한 것이다.
모든 사랑스러운 것이 네 것이 된다 하더라도

잃어버린 것이 아까워 한탄을 하고
목적을 가지고 초조하게 애쓰는 한
아직 평화가 무엇인지 모르는 것이다.

모든 희망을 포기하고
목적도 욕망도 다 버리게 되었을 때
행복, 행복하며 이름을 붙여 바라지 않을 때

그때에 비로소 세상만사의 흐름이
너의 마음에 부딪히지 않게 될 것이며
너의 영혼이 안식을 얻게 되는 것이다.
— 헤르만 헤세

성경에 "사람이 떡으로만 살 것이 아니요 하나님의 입으로 나오는 모든 말씀으로 살 것이라."(신명기 8:3 , 마태 4:4)고 하였다. 행복은 물질적인 것보다 정신적인 것이 더 중요하다는 말이다.

또 "오직 각 사람이 시험을 받는 것은 자기 욕심에 끌려 미혹됨이니 욕심이 잉태한 즉 죄를 낳고 죄가 장성한 즉 사망을 낳느니라."(야고보 1:15)고 하였다.

또 "심령이 가난한 자는 복이 있나니 천국이 저희

것이요."(마태 5:3)라고 하였다. 심령이 가난하다는 말은 욕심이 적다는 것이다.

모든 불행의 근원은 욕심에서 나온다. 동양의 명언 중에 "밭은 잡초의 해침을 받고 사람은 욕심의 해침을 받는다."고 하였다. 또 불경에 보면 "인간이 세상적 욕망을 추구하는 모습은 마치 마른 풀로 만든 횃불을 들고 바람을 향하여 달려가는 경우와 같아 속히 버리지 아니하면 불은 머지않아 너희 전신을 태워 버릴 것이다."고 하였다.

석가모니는 "인생은 여러 가지 욕망으로 인해 고통을 당하게 마련이다. 그때그때 일어나는 모든 감정이 덧없다는 것을 깨닫고 진리 가운데 서서 자기를 제어하고, 청정한 행위를 닦아 생사로 인하여 마음이 흔들리지 않고, 세상의 칭찬과 비방으로 인하여 마음이 교란되지 않으며, 모든 집착에서 벗어나 근심도 없고 노염도 없으며, 오직 더할 나위 없는 안온 속에 설 수가 있으며, 남에게 사랑과 친절을 베풀 수 있다면 인간의 행복은 이보다 나은 것이 없느니라."고 하였다.

생명력의 원천은 욕망이다. 살아남고자 하는 욕망은 생명 의지의 표현이며 모든 생물의 진화의 원동력이다. 욕망이 없으면 발전도 없고 향상도 없는 것이다.

일찍이 공자는 이렇게 말했다.

"슬픔 중에 마음이 죽는 것처럼 슬픈 일이 없다." 의욕이 상실되어 좌절감에 빠지는 것처럼 비극은 없다는 말이다.

그러나 욕망을 잘못 관리하면 인간은 실패하고 파멸한다.

불행의 원인은 욕망과 능력의 불균형에 있다. 욕망을 줄인다면 능력의 일부가 무용지물이 되고, 능력을 확대하면 더 큰 욕망이 앞서 간다. 욕심은 보통사람에게는 삶의 소중한 활력소이다.

우리가 욕심이라는 분모를 줄이면 행복은 그만큼 커진다는 것은 잘 알고 있는 일이지만 실제로 경쟁 속에서 살아가는 우리들로서는 그렇게 쉬운 일이 아니다. 불교에서 말하는 것처럼 끊임없는 수양을 통해서만이 얻어질 수 있는 해탈의 경지이다. 아니면 물론 사람에 따라서 다르겠지만 대개 사람이 나이가 60이 넘어가면 세상일에 대해서 체념도 하게 되고, 생명력과 의욕도 떨어지면서 자연스럽게 욕심도 줄어드는 것 같다. 그 동안 세상적인 욕심으로 인해 눈이 멀어 못 보던 세상의 모든 것들이 제대로 보이기 시작하고 마음도 평안을 찾아가는 것 같다.

❖ 돈이 말한다

1천 6백여 년 전 서진(西晉)의 로포(魯褒)가 돈이 만능의 물신(物神)이 된 당대를 풍자한 전신론(錢神論)의 일부를 보면 다음과 같다.

"돈은 날개가 없는데도 날고, 다리가 없어도 잘도 달린다. 부처 같은 사람도 웃게 만들고, 묵연인자(默然仁者, 말없이 잠잠한 어진 사람)의 입도 저절로 벌어지게 한다. 학자나 청담가(淸談家, 속세로부터 초월한 듯한 말을 하는 사람)의 눈도 멀게 하며, 사형수도 살리는가 하면, 귀인을 천인으로 만들거나 애매한 사람을 죽이는 일을 자유로이 한다. 돈이 많은 사람은 군장이요, 없는 사람은 노예다."

인류문화가 미개했던 옛날이나, 과학문명이 극도로 발달하고 자본주의가 화려한 꽃을 피우고 있는 현대사회나 진실로 돈의 위력이 막강하다는 사실이 입증되고 있다.

우리나라 속담에도 '유전무죄 무전유죄'라는 말이 있고, 서양 속담에는 'Money talks(돈이 말한다).'라는 말이 있다. 인간사회에서는 무슨 일을 하던지 돈 있는 사람의 발언권이 크게 영향력을 발휘한다는 것을 말한다.

요사이 돈이 많으면 호화로운 집에 살면서 고급 의상에 고급 장신구류를 걸치고 부를 과시할 수도 있다. 옛날에는 임금님이나 먹던 산해진미도 먹을 수가 있고, 호화 유람선을 타고 해외여행을 즐길 수도 있다.

그러나 물산이 충분하지 않았던 동양에서는 덕본재말(德本財末)이라 하여 재물보다는 인간의 품성을 더 중요시 하였다.

성경에도 보면 "우리가 세상에 아무것도 가지고 온 것이 없으매 또한 아무것도 가지고 가지 못하리니 우리가 먹을 것과 입을 것이 있은 즉 족한 줄로 알 것이니라 부 하려하는 자들은 시험과 올무와 여러 가지 어리석고 해로운 정욕에 떨어지나니 곧 사람으로 파멸과 멸망에 빠지게 하는 것이라 돈을 사랑함이 일만 악의 뿌리가 되나니(딤전 6:7-10)."라고 하였다.

그러나 인간생활에 있어서 재물을 경시할 수는 없

다. 맹자는 “항산(恒産)이 없으면 항심(恒心)이 없다.”고 하였다. 경제적 생활안정이 안되면 정신적 생활안정이 안 된다는 말이다. 우리가 돈이 없어 물질적으로 자유롭지 못할 때 도덕적으로 완전하기가 힘들다.

누구나 돈을 벌어 부자가 되고 싶다고 해서 되는 것이 아니다. 남보다 부지런히 일하고, 재리에 밝고, 때로는 행운도 따라야 부자가 될 수 있는 것이다. 부자 치고 부지런하지 않는 사람이 없다. ‘게으른 사람은 떡 그릇 옆에서 굶어 죽지만, 부지런한 사람은 부자가 되게 마련이다’(구약성서 : 잠언)라는 말이 있다. 더구나 현재와 같이 모두가 이익을 추구하는 자본주의 사회에서 돈을 추구하는 것을 부덕으로만 생각할 수 없다.

공자도 “옳은 방법으로 부를 구할 수만 있다면 비록 길라잡이(수령이 나들이할 때 길을 인도하던 길잡이 또는 길잡이. 길을 인도하는 사람)라도 할 것이다.”(「논어」 술이 12)고 하였다.

열심히 일하여 거부가 되어 많은 사람에게 일자리를 주고, 사회를 위하여 그 돈을 보람 있게 쓴다면 그것처럼 훌륭한 일이 있겠는가?

무일푼에서 피나는 노력으로 세계의 강철왕이 된 앤드류 카네기(Carnegie, 1835∼1919)는 만년에 그가 번 막대한 돈으로 카네기 홀을 설립하고, 카네기 연구소를 세우고, 카네기 영웅기금을 만들고, 카네기 교육진흥기금을 창설하고, 카네기 국제평화재단을 건립하고, 1,800개 이상의 도서관을 만들었다. 그가 이처럼 공공사업과 자선 사업에 쓴 돈은 그 당시의 액수로 어마어마한 금액이었으며 지상 최대의 자선가가 되었다.

부를 구하되 의롭지 않은 행동으로 부를 구하는 것은 옳지 못하다.

공자는 "이(利)를 보면 의(義)를 생각하여라."고 하였다. 황금만능인 요즈음 세상에 우리가 이익에 직면하였을 때에 그것이 과연 의에 어긋나지 않는가, 올바른 도리에서 벗어나지 않는가를 먼저 생각하는 사람이 얼마나 되는가?

그러나 이 세상의 갖가지 죄악이 돈으로 인해서 일어난다. 사람들이 돈의 노예가 되어 돈을 벌기 위하여 사기를 치고, 친구를 배반하고, 의리를 짓밟고, 명예를 집어던지고, 인격을 팔고, 골육지친(骨肉之親) 간에 소송을 벌이고, 협박하여 금전을 빼앗고,

살인하는 예가 세상에 허다하다.

사람이 부자가 되면 잘못하면 쾌락에 빠지고 파멸하는 경우도 있다. 더구나 젊은 사람이 자기 자신의 노력 없이 유산을 받거나 운이 좋아 횡재를 했을 경우 쾌락에 빠지고 가산을 탕진하고 부패하여 파멸하기 쉽다. 모파상도 "돈은 보통 사람의 경우에는 그저 타락의 방조자가 될 뿐이다."라고 지적하였다.

또 부자가 되면 교만하게 되어 덕을 잃는 경우가 있다.

자공이 공자에게 묻기를 "가난하나 아첨함이 없으며, 부유하나 교만함이 없으면 어떠하리까?"하니까 공자가 말하기를 "옳다만 가난하여도 즐기며, 부유하여서도 예를 좋아함만 못하니라."(「논어」 학이 15)고 하였다.

성경에도 "네가 이 세대에 부한 자들을 명하여 마음을 높이지 말고 정함이 없는 재물에 소망을 두지 말고 오직 우리에게 모든 것을 후히 주사 누리게 하시는 하나님께 두며 선한 일을 행하고 선한 사업에 부하고 나눠주기를 좋아하며 동정하는 자가 되게 하라 이것이 장래에 자기를 위하여 좋은 터를 쌓아 참된 생명을 취하는 것이니라."(딤전 6:17-19)고 하였다.

우리가 현대생활에서 물질적으로 자유롭기 위해서는 현명한 금전관리가 중요하다. 우리는 어느 정도 생활에 자유를 가질 수 있을 정도의 돈은 가지고 있도록 노력하는 것이 필요하다. 돈이 있어야 체면도 세울 수 있고, 남에게 베풀 수도 있고, 또 필요한 물건을 살 수도 있고, 가끔 가고 싶은 곳에 여행도 할 수 있다.

첫째는 수입 내에서 지출하는 것이다. 인간이 마음의 평안을 느끼게 되는 것은 개인이 벌어들이는 돈의 액수가 아니라 번 돈을 어떻게 쓰느냐에 달려있다. 수십 년 전 우리국민 전체가 가난에서 허덕일 때에 중소기업의 여공들의 수입은 기껏해야 이삼십만 원에 불과했다. 그러나 그들은 거기서 돈을 떼어 적금을 들어 큰돈을 마련하였다. 그러나 그보다 몇 배 더 많은 월급을 받는 화이트칼라 봉급생활자들 중에는 규모 없는 소비생활 때문에 항상 돈이 모자라 쩔쩔매는 경우를 가끔 볼 수 있었다.

최근 우리나라에 카드빚으로 상상할 수도 없는 범죄가 일어나고 있는 것도 '외상이라면 소도 잡아먹는다.'는 인간의 약점을 교묘하게 이용한 상술의 개발로 인한 것이다. 수입 내에서 소비하는 비결은 단순하다. 즉 자제하는 것이다. 그리고 될 수 있는 대로 현금으로 지불하는 것이다.

현대의 자본주의 경제체제는 갖가지 편리하고 사치스러운 상품을 만들어 내어 사고 싶은 욕망을 자극시킨다. 젊은 부부들 중에는 가끔 자제할 줄 모르고 충동구매를 함으로서 비싼 가구들을 손쉽게 월부로 들여놓아 빚더미에 앉게 되는 경우가 있다. 월부구입은 아주 비싼 값으로 구입하는 것이 된다. 그것은 우리가 사는 물건 값에 별도의 높은 이자와 부과금이 가산되기 때문이다.

이자에 대한 재미있는 비유를 하나 소개한다.

"이자는 결코 잠을 자거나 병에 걸리거나 죽지 않는다. 병원에 가는 일도 없으며 일요일이나 공휴일에도 쉬지 않는다. 휴가를 가는 일도 없으며, 방문을 하거나 여행을 하지도 않으며, 아무런 쾌락도 취하지 않는다. 일을 중단하는 일도, 일을 끝내는 일도 없으며, 시간 이외의 일은 결코 하지 않고, 수확이 줄어드는 법도, 한해를 타는 일도 없다. 세금도 내지 않고, 음식을 섭취하거나 의복을 입지도 않는다. 그것은 집이 필요 없기 때문에 수리를 하는 일도 없고, 칠을 하거나 깨끗하게 닦는 일도 없으며, 부인도 자녀도 부모나 친척, 친구도 없다. 생활비가 들지 않는다. 결혼을 하거나 죽거나 탄생하는 일도 없다. 사랑도 동정도 없으며, 화강암 절벽처럼 단단하고 몰인정하다. 일단 부채를 얻게 되면 이자는 매분 매시 여러분의 친구가 되며, 그로부터 해방되거나 잊어버릴 수가 없다. 그것은 아무것도 요구하고 명령하지 않는다. 그러나 여러분이 그 길로 들어서거나, 길을 가로지르려 하거나, 그 요구에 응하지 않을 때 그것은 여러분을 망치게 한다."

두 번째는 재난에 대비하여 수입의 일부, 약 10%는 저축하는 것이다. 그렇게 하기 위해서는 근검절약하지 않으면 안 된다. 가계부를 써서 가계예산을 세워서 생활하고, 저축의 형태로서 의료보험과 생명보험에 가입하고, 그리고 여유가 있으면 가족의 안전을 해치지 않는 범위에서 주식, 유가증권과 부동산과 같은 데에도 투자하는 것이다.

미국의 강철왕 카네기는 초등학교 중퇴의 학력을 가졌지만 카네기 연구소를 차리고 강철왕 소리를 들었다. 철을 광산에서 캐다 팔았는데 어느 날 고향의 초등학교 교장이 카네기를 찾아왔다. 카네기는 촛불을 켜놓고 책을 읽고 있었는데 교장 선생님이 찾아오니까 촛불 하나를 꺼버렸다.

교장 선생님은 그날 학교증축 기부금을 내달라고 갔는데 촛불 두 개를 켜놓고 책 읽다가 하나를 끄니까 기분이 나빴다. 속으로 기부금은 다 틀렸구나, 이 사람은 천하의 왕소금이라는데 진짜로 노랭이구나 생각했다. 긴 인사도 안하고 카네기가 "기부금이 얼마 필요하십니까?"

"한 만 불만 주십시오." "만 불요?" 꼬치꼬치 캐묻기 시작하였다. 어디를 고칠거냐, 시멘트는 몇 포대 드느냐, 유리창이 몇 개 드느냐, 아주 꼬치꼬치 캐물었다. 교장 선생님이 머릿속으로 '안 주면 그만이지 왜 저렇게 캐묻나? 핑계 대려고 저러는구나.' 생각했다. 카네기가 얘길 다 듣고 나더니 "교장 선생님 만 불 가지고는 도저히 안 될 것 같습니다. 10만 불은 있어야 될 것입니다." 수표를 10만 불 딱 끊어 주었다. 교장이 어안이 벙벙해서 "그럼, 저 가보겠습니다.", "예, 그만 가십시오." 교장이 인사하고 돌아서니까 카네기가 촛불을 하나 더 켰다.

또 기분이 나빠진 교장선생님, "카네기 회장, 한 가지 여쭈어 봅시다. 왜 당신은 내가 들어올 때 촛불을 하나 끄더니 내가 나가니까 또 켜는 겁니까?"

"아, 죄송합니다, 교장 선생님. 제가 책을 읽고 있었거든요. 그땐 촛불이 두 개 필요한데 우리 둘이 얘기할 적엔 촛불 하나면 되지 않습니까, 아껴야죠. 그래서 껐어요. 가시니깐 제가 책 읽으려고 불을 켰습니다."

교장이 90도 되게 절을 하면서 "내가 교육자가 아니라 당신이 교육자다."라고 말했다.

❖ 손이 부지런한 자는

스탠리 박사는 23년간 3백 50만 미국의 백만장자들에 대한 연구를 하였다. 그들의 대부분이 낡은 미국 차를 타고 다니고, 32만 달러 주택에 살고 있다는 사실을 알게 되었다. 그들이 백만장자가 된 비결을 물었을 때 첫 번째가 근면이었고, 다음으로 인내, 계획성, 극기를 들었다. 또 그들에게 2가지 금기 사항이 있는데 첫째는 절대 수입액 이상으로 지출을 하지 않는다는 것이다. 둘째는 이웃 사람에게 지지 않겠다는 교만을 떨지 말라고 충고하는 것이었다.

생활의 모토로서는 생계비 지출은 경건하게, 투자는 장기적 안목에서 신중하게, 호화소비 생활은 절대 금물이라고 답하였다.

그들의 많은 수는 시어즈(Sears) 백화점이나 J C 페니(Penny) 백화점 창업자들과 같이 대학을 다닐 때도 부모의 재정적 지원을 받지 않았다고 한다.

한국에서도 전기적인 재벌총수로서 정주영 회장

의 부지런함과 근검절약하는 습관은 잘 알려져 있다. 그가 타계한 후 그가 거처하던 집에서 40년 된 낡은 금성 TV와 다닥다닥 기워 신은 구두가 발견되었다.

백만장자들의 공통된 특성의 하나는 그들이 남보다 부지런하다는 것이다.

어느 돈 많은 농부에게 세 아들이 있었다. 맏아들은 군인으로 출세하여 귀족의 딸과 결혼하여 잘 살았다. 그러면서도 부인의 사치로 돈이 모자라 아버지한테서 자기 몫으로 3분의 1의 땅을 받아갔다. 둘째아들은 상업을 하여 큰 돈을 벌고 역시 상인의 딸과 결혼하여 잘 살았다. 그러나 이 욕심 많은 둘째도 역시 아버지로부터 자기 몫으로 3분의 1의 땅을 받아갔다.

하지만 이들은 마귀의 꾐에 넘어가서 모두 몰락하고 만다. 맏아들은 세계정복을 꿈꾸며 다른 나라를 침략하다가 졌다. 또 둘째는 욕심을 부려 너무 많은 물건을 샀다가 빚을 갚지 못하고 파산하였다.

셋째아들은 좀 모자라는 바보였다. 그는 부모를 모시고 농사에만 전념하였다. 그리고 괘씸한 형들을 잘 돌봐주었으므로 가정에 분란이 없었다. 이를 시기한 마귀는 셋째를 꼬여서 형제간에 싸움을 붙이려고 하였다. 마귀는 온갖 방법으로 셋째를 골려주려고 하였지만 일 밖에 모르는 그는 이에 굴하지 않고 방해하는 마귀들을 모두 붙잡아 죽이려고 하였다.

셋째아들은 살려달라고 애원하는 마귀로부터 만병통치약을 얻게 되었다. 이때 마침 공주가 난치병에 걸려서 셋째는 하나 밖에 남지 않은 그 약으로 공주의 병을 고치려고 한다. 그런데 그는 문득 문을 나서다가 여자 거지의 손이 불편한 것을 보고 불쌍히 여겨 그 약으로 고쳐준다. 그런데도 셋째가 궁성에 도착하자 때마침 공주의 병이 나았고, 이로 인해 그는 공주와 결혼한다. 그리고 왕이 죽은 뒤에 왕위에 오르게 되었다.

그런데 이 왕은 여전히 노동복을 입고 일만 하였다. 또 그 나라 백성들도 각기 부지런히 일하여 먹고 사는 것으로 만족하였다. 이에 늙은 마귀가 변신하여 나타나서 군사강국이 되기를 권하나 성공하지 못한다. 또 돈으로 유혹하였으나 실패한다. 다른 나라 군대를 동원, 침략하여 왔으나 이쪽에서 상대를 안 하므로 절로 물러가 버렸다. 끝으로 머리로 일하는 방법을 가르친다면서 높은 망대 위에 올라가 연설을 하던 마귀는 결국 기진맥진하여 밑으로 떨어져 죽고 말았다고 한다.

아마 많은 사람들은 이것이 톨스토이가 지은 「바보 이반」의 줄거리임을 알았을 것으로 생각한다. 이 이야기는 다음과 같이 끝나고 있다. 바보 이반은 두 형을 위시하여 누구든지 찾아와서 먹여달라면 이를 쾌히 허락하였다. 그러나 손에 못이 박히지 않은 사람은 남이 먹다 남은 음식 찌꺼기를 먹어야 하는 것이 이 나라의 관습이었다는 것이다.

성경에도 보면 게으른 자는 가난하게 된다는 말을 가르치고 있다.

"게으른 자여, 개미에게로 가서 그 하는 것을 보고 지혜를 얻으라. 개미는 두령도 없고 감독자도 없고 통치자도 없으되 먹을 것을 여름 동안에 예비하며 추수 때에 양식을 모으느니라.

게으른 자여, 네가 어느 때까지 눕겠느냐? 네가 어느 때에 잠이 깨어 일어나겠느냐?

좀 더 자자, 좀 더 졸자, 손을 모으고 좀 더 눕자 하면, 네 빈궁이 강도같이 오며 네 곤핍이 군사같이 이르리라." (잠 6:6-11)

또 "게으른 자는 그 손을 그릇에 넣고도 입으로

올리기를 괴로워하느니라.” (잠 26:15)

백만장자들의 또 다른 특성은 대개 자린고비처럼 돈을 아껴 쓴다는 것이다.

영조 때 음성 사람 조륵은 인색하다 하여 남의 손가락질을 받아가며 재산을 모아, 기근 때 굶는 백성을 구제하여 당상 벼슬에 올랐었다. 굴비를 천장에 매달아 놓고 밥 한 숟가락 떠먹고 굴비 한 번 올려보곤 했다는 전설의 ‘자린고비’ 주인공이기도 하다.

많은 사람들이 자린고비를 찾아와 돈 버는 비법을 묻곤 하자, 바지를 벗겨 반 나신으로 나무에 오르게 한 다음 가지 끝으로 옮겨가 두 손으로 매달리게 했다. 그리고서 한 손마저 놓으라 하였다. 놓으면 떨어져 죽을지 모르는데 돈 벌어 무슨 소용이냐고 하자 자린고비가 말하기를, “재산 아끼기를 그토록 악착같이 하고 하반신이 드러나는 창피를 무릅써야 돈이 들어온다.”고 했다. (이규태 칼럼)

❖ 나로 가난하게도 마옵시고

우리나라 학생들이 공부를 열심히 하여 일류대학에 갈려고 하는 것은 미래의 행복을 얻기 위함이다. 명문대학에 들어가야 취직이 잘되고 또 사회에서 성공하기가 쉽기 때문인 것이다. 일반적으로 행복이라는 것은 어떤 형태로든지 풍요로운 삶을 사는 것을 말한다. 그렇기 때문에 많은 사람들이 돈을 많이 버는 사업가나 의사나 변호사를 희망하는 것도 바로 이 풍요 가운데서 행복을 찾고자 하기 때문이다.

그러나 부유한 나라에서는 물론 풍요를 누리고 있는 개인들에 있어서까지도 그 풍부하고 넘치도록 가지고 있는 의식주(衣食住)는 물론이요 그들이 가지고자 하는 모든 것을 소유하고 있다고 해서 반드시 행복한 것은 아니다.

영국의 한 교수가 최근 54개국 국민을 대상으로 행복도를 조사한 결과 세계에서 가장 가난한 나라인 방글라데시가 1위를 차지하는 등 가난한 나라들이

상위권을 휩쓴 것으로 나타났다. 반면 미국(46위) 일본(44위) 등 선진국들은 하위권으로 처졌다. 한국은 중간쯤인 23위이다. 다소 의외인 이 조사결과는 행복이 무엇이며 잘산다는 것이 진정 어떤 것인지를 생각하게 한다.

십수 년 전에 어떤 학부형이 찾아와 그의 하나밖에 없는 아들의 학업성적을 걱정하며 한탄하는 것이었다. 자기는 부인과 함께 열심히 노력하여 사업에 성공하여 상당한 재산가가 되었으나 그러는 동안 부부가 바쁘게 생활하다보니 아들의 교육을 소홀히 하여 그 재산을 물려받을 자식농사를 망쳤으니 모은 재산이 무슨 소용이 있겠느냐는 것이다. 마치 갈매기에게 고기를 잡는 재주를 가르치지 않고 고기만 잔뜩 주어 결국 나중에 굶어죽게 된다면 무슨 소용이냐는 것이다.

부(富)는 좋은 것이다. 그러나 부자들 중에 의외로 불행한 사람이 많다. 가난에 근심이 따르듯 돈에도 근심이 따르기 때문이다. 따져보면 대다수 부자들은 돈의 노예이지 주인은 아니다. 돈을 많이 가졌기에 파멸한 사람도 흔하다. 반면 옛 부터 위대한 사람들 중에는 가난한 사람이 많았다. 또한 지독하게 가난했던 시절을 가장 행복했던 시절로 기억하는 사람을 우리는 주변에서 흔히 볼 수 있다.

때로는 부한 사람들의 무절제한 생활은 권태를 가져오고 그 권태감에서 해방되기 위해 더욱더 자극적이고 육감적인 것들을 찾아 헤매게 된다. 결국 이 권태 끝에는 공허만이 남게 될 뿐이다. 그 공허감을 메우기 위해 사람들은 각가지 오락을 고안해 냈다. 그러나 그것만으로는 부족해서 알코올, 마약, 성적 쾌락 등을 찾아 헤매지만 역시 그것은 그들에게 만족을 가져다주지 못했을 뿐만 아니라 더 큰 허무의 전율에 봉착하게 되고 마침내 자살로 도피하게 된다.

이것은 요람에서 무덤까지 사회복지 혜택을 받고 있는 스칸디나비아 반도에서 자살률이 최고로 높다는 통계를 보아도 풍족한 물질만으로는 인간이 행복해질 수 없다는 사실을 알 수 있다.

지나치게 부자가 되고 싶어하는 사람은 항상 가난하다. 욕심을 부리는 한 언제나 부족함을 느끼기 때문이다. 영국에는 "작은 집에 살면서 워리크 성(城)을 보고 감탄하는 것이 워리크 성에 살면서 무엇을 봐도 감탄할 것이 없는 것보다 더 낫다."는 말이 있다. 요컨대 부는 현명한 사람에게만 행복을 가져다 줄 뿐 돈이 바로 행복을 보장해주지는 않는다는 것이다.

솔로몬의 잠언에도 “나로 가난하게도 마옵시고 부하게도 마옵시고 오직 필요한 양식으로 내게 먹이시옵소서. 혹 내가 배불러서 하나님을 모른다 여호와가 누구냐 할까 하오며 혹 내가 가난하여 도적질하고 내 하나님의 이름을 욕되게 할까 두려워 함이니이다.”(잠언 30:8-9)라고 말하고 있다.

❖ 그가 필요한 땅은 기껏 반 평

바쉬끼르 유목지에서 땅을 싸게 판다는 말을 듣고 빠흠은 그곳의 촌장에게 거기 사정을 듣고 땅을 흥정을 했다.

"우리 마을에서는 가격이 동일합니다. 누구를 막론하고 하루 동안 걸어 다닌 땅을 천 루불에 팔고 있습니다."

빠흠은 놀라지 않을 수 없었다.

"정말 놀라운 일인데요. 그렇지만 하루 종일 걸어 다닌 땅은 아주 넓은 땅인데요."

그 말을 듣고 촌장은 웃으며 말했다.

"그렇습니다. 그러나 그 전부가 당신의 소유가 되는 것입니다. 그런데 조건이 하나 있습니다. 출발한 당일에 출발점에 되돌아오지 못하면 당신이 지불한 돈은 무효가 됩니다. 이 사실만은 잊지 마십시오."

"알겠습니다. 그 점은 명심하겠습니다. 그런데 자기가 답사한 땅을 어떻게 증명하면 좋을까요?"

“네. 그것은 문제가 없습니다. 아무 곳이나 당신이 원하는 장소에 같이 가서 거기에서 기다리겠습니다. 당신은 거기서 출발하여 한 바퀴 돌아오십시오. 그때에 괭이 하나를 가지고가서 알 만한 곳에 표식으로 구덩이를 파고 거기에 잔디라도 놓아두면 다음에 나와 함께 돌아다니며 쟁기로 구덩이와 구덩이를 연결하면 될 것입니다. 어떤 식으로 돌아다녀도 관계없습니다. 다시 말씀드리지만 해가 지기 전에는 반드시 돌아와야 합니다. 그렇게 해서 돌아 온 땅은 전부 당신의 것이 됩니다.”

빠흠은 매우 기뻤다. 다음 날 아침 일찍 출발하기로 했다. 그리고 잠시 동안 그 자리에서 세상의 일을 이야기하면서 양고기와 술을 마시며 지냈다.

이렇게 해서 날이 저물었다. 그곳에 모인 사람들은 빠흠을 포근한 털 이불에서 자게하고 모두 천막의 수레로 돌아갔다. 내일은 해가 돋기 전에 모여 출발점에 나가기로 약속을 했다.

빠흠은 폭신한 털 이불에 누웠지만 좀처럼 잠을 이룰 수가 없었다. 땅의 일이 염두에서 사라지지 않았다.

“가능한 멀리 돌아와야지. 종일 걷는다면 백 삼사십 리는 돌 수 있겠지. 원을 그려 백 삼사십 리면

꽤나 넓은 땅이겠지. 그 중에 토질이 나쁜 곳은 팔든지 소작인에게 임대해 주고 좋은 곳만 선정하여 농사를 짓자. 두 마리 소가 끌 쟁기를 만들고 일할 머슴을 두 서너 사람 두면 50정보쯤 경작을 하고 나머지는 목장을 만들면 좋겠지."

빠흠은 그날 밤을 꼬박 뜬눈으로 이런저런 생각에 잠기다가 새벽녘에야 잠이 들었다. 그것도 잠깐이고 그 사이에 꿈을 꾸고 있었다. 그때 천막 밖에서 누군가 웃는 소리가 들렸다. 자리에서 일어나 밖을 내다보니 촌장이었다. 그는 배를 움켜잡고 큰 소리로 웃고 있었다.

빠흠은 그 이유를 알 수 없었다. 이상해서 자세히 살펴보니 그는 바쉬끼르 촌장이 아니고 자기를 이곳에 소개해 준 상인이었다. 그에게 말하려고 바라보니 그는 상인이 아니고 사나운 뿔과 발톱을 가진 무서운 악마가 배를 끌어안고 웃고 있었으며 그 앞에는 맨발의 사나이가 쓰러져 있었다. 빠흠은 그 사나이의 정체를 알아보려고 했다. 정신을 가다듬고 자세히 살펴보니 그 사나이는 이미 죽어 있었고 그는 다름 아닌 자기 자신이었다. 빠흠은 무서움에 몸서리쳤다. 그 순간 제 정신을 차렸다. 그것은 꿈이었다.

"아니 꿈이잖아!"

열려 있는 문틈으로 밖을 내다보니 벌써 날이 훤히 밝아오고 있었다.

"모두들 깨워야겠다. 출발점으로 나갈 시간이 되었다." 빠흠은 자리에서 일어나 마차에서 자고 있는 일꾼을 깨우고 마차에 말을 매도록 하고 자기는 바쉬끼르인들을 깨우러 갔다.

"모두 일어나시오. 시간이 되었습니다. 들에 나가 땅을 재야지요."

바쉬끼르인들이 일어나 모여들었다. 조금 후에 촌장도 왔다. 바쉬끼르인들은 우유 술을 마시며 그에게는 차를 권했다. 그러나 그렇게 한가하게 있을 수가 없었다.

"빨리 가야죠. 시간이 다 됐어요."

바쉬끼르인들은 말이나 마차를 타고 출발했다. 빠흠은 일꾼과 함께 마차를 타고 출발했다. 그는 괭이를 휴대하고 있었다. 초원에 도착하자 날이 밝았다. 언덕 즉, 바쉬끼르 말로 씨항에 이르러 한 곳에 모였다. 촌장이 빠흠에게 다가와 한 손으로 가리켰다.

"이 일대는 모두 우리들의 땅입니다. 그러므로 마음대로 좋은 곳을 택하십시오."

빠흠의 눈은 빛나고 가슴은 뛰었다. 토지는 전부 초원이었고 손바닥처럼 편편하고 거무스레하게 보였다. 그리고 약간 패인 곳에는 여러 가지 잡초가 우거져 가슴께까지 자라나 있었다.

촌장은 여우 털모자를 벗어 땅에 놓고 말했다.

"이것을 출발 표식으로 합시다. 여기서 출발하십시오. 그리고 이곳으로 돌아오십시오. 돌아온 곳은 모두 당신의 땅입니다."

빠흠은 떠날 준비를 마치고 하늘을 쳐다보며 몸을 흔들어 해가 솟아오르기를 기다렸다.

"절대로 시간을 낭비하면 안 되지. 이렇게 서늘한 아침에 많이 걷는 것이 편할 것이다."

해가 뜨자 빠흠은 괭이를 메고 언덕을 내려갔다. 그는 조급하게 걷지도 않고 너무 느리지도 않은 걸음으로 앞으로 나갔다. 10정보쯤 가서 구덩이를 파고 잔디를 떠서 올려놓았다. 그의 걸음은 자꾸 빨라져 갔다. 빠흠은 뒤를 돌아보았다. 출발 지점은 해가 내리쪼여 손에 잡힐 듯 잘 보였다. 한참 동안 걸어왔는데 15리는 온 것 같았다. 차츰 더워져 옷을 벗어 들고 앞으로 나갔다.

아마도 아침식사 시간이 된 것 같았다.

"벌써 하루의 4분의 1이 지났는데. 그러나 벌써 오던 길을 되돌아가기는 너무 빠르지."

그는 신을 벗고 걷기 시작했다. "훨씬 편한데. 앞으로 10리나 15리쯤 나가다가 왼쪽으로 꺾어 돌아가야지. 너무 땅이 좋아 그대로 돌아가기가 아쉬운데, 앞으로 나갈수록 더욱 땅이 좋은 것 같은데."

그는 자꾸만 앞으로 나가고 있었다. 뒤돌아보자 출발점인 언덕이 보일 듯 말 듯 희미하여 그곳 사람들이 개미처럼 보였다.

"이제는 여기서 왼쪽으로 꺾어져야지. 목도 타는군."

빠흠은 그곳에 지금 것보다 더욱 큰 구덩이를 만들고 잔디를 넣고는 물통을 열어 물을 마신 뒤 왼쪽으로 꺾었다. 그곳은 풀이 무성해 더웁기도 하고 앞으로 나가기도 매우 힘이 들었다. 빠흠은 온 몸의 기운이 빠지고 극도로 피로해졌다. 해는 높이 떠서 정오경이 되었다.

"여기에서 쉬어가지 않으면 안 되겠다."

빠흠은 잠시 쉬면서 물과 빵을 먹었다. 그는 다시 걷기 시작했다. 조금은 편해졌다. 빵을 먹었기 때문에 힘도 솟았다. 그러나 햇살은 무섭게 내려 쪼여 걷는 중에도 졸음이 왔다. 그래도 걸음을 멈출 수가 없었다. 1시간의 인내가 평생의 행복을 약속한다고 생각했다.

빠흠은 왼쪽으로 꺾어져 계속 걸었다. 다시 왼쪽으로 돌려고 생각했는데 앞을 바라보니 습지가 있는데 버리기에는 너무나 아까운 땅이었다. 그래서 그 습지까지 전진하고야 왼쪽으로 돌았다.

빠흠은 언덕 쪽을 보았으나 따가운 햇살에 아른거릴 뿐 아무것도 보이지 않았다.

빠흠은 그때서야 생각했다.

"내가 너무 욕심을 부렸군. 이제는 빨리 돌아가야지." 그는 걸음을 재촉했다. 그래도 겨우 5리밖에 나가지 못했다. 출발점까지는 아직 10리나 되었다.

"큰일 났군. 반듯하고 네모난 땅이 아닌 꾸불꾸불한 땅이라도 이젠 할 수 없군. 곧바로 출발점으로 가야겠다."

이렇게 생각한 빠흠은 그곳에 구덩이를 파서 표식을 하고 곧바로 출발점으로 향했다.

빠흠은 지칠 대로 지쳐 몹시 피로했다. 전신은 땀으로 젖었고 맨발은 피투성이고 힘은 빠져 제대로 걸을 수가 없었다. 이러다가는 해 떨어지기 전에 출발점에

도달하기 어렵겠다고 생각했다.

태양은 기다려 주지 않고 자꾸만 기울어지고 있었다.

"정말! 야단났는데. 내가 너무 욕심을 내었는가보다. 시간을 못 댄다면 이 꼴이 어떻게 된담."

빠흠은 걸음을 재촉했다. 출발점까지는 아직 먼데 해는 벌써 지평선 위에 있었다. 그는 뛰기 시작했다. 몸에 붙은 거추장스런 것은 모두 벗어 던지고 괭이만을 쥐고 뛰었다.

"아! 나는 너무 욕심을 부렸어. 부질없는 욕심 때문에 본전도 잃게 된 거야. 아무리 애써도 해지기 전에 출발점에 돌아갈 수는 없다."

또 뛰었다. 숨이 막혀왔다. 심장마비라도 일으킬 것 같은 생각이 들었다. 그러나 쉬고 싶지는 않았다.

"여기에서 포기할 수는 없어!"

빠흠은 계속 뛰고 있었다. 갑자기 사람들 소리가 들렸다. 출발점이 가까워진 것이다. 언덕 위에서 함성이 들려왔다. 그 함성을 듣자 빠흠의 심장은 더욱 심하게 뛰었다. 빠흠은 있는 힘을 다해 뛰었다. 태양은 이제 지평선상에 얹혀 있었다. 동시에 출발점도 눈앞에 보였다. 그는 언덕 위에서 함성을 지르는 사람들을 볼 수 있었다. 땅바닥에 놓인 촌장의 털모자도 보였다. 그때 오늘 아침의 꿈을 생각했다.

"땅은 원대로 차지했으나 하나님은 그 땅에 나를 살게 하실 지는 의문이야. 아! 나는 이제 틀렸어!"

빠홈은 석양을 쳐다보았다. 해는 지면으로 숨고 있었다. 빠홈은 최후의 힘을 쏟아 넘어질 듯 앞으로 내딛었다. 태양은 벌써 가라앉은 것이다. 빠홈은 깜짝 놀랐다.

"아! 이 고생도 전부 허사로구나!"

그는 뛰는 것을 체념하려고 생각했으나 바쉬끼르인들의 함성이 언덕 위에서 들려왔다. 그렇지! 나는 언덕 아래 있기 때문에 해가 떨어진 것으로 알고 있었으나 언덕 위에서는 아직 해가 있을 것이다.

빠홈은 용기를 내어 언덕 위로 뛰어올라갔다. 언덕 위에는 아직 햇빛이 있었다. 모자도 거기에 있었고 촌장은 그 옆에서 불길한 까마귀 우는 소리로 웃었다. 아침의 꿈 생각이 다시 떠올랐다.

그의 다리는 휘청거려 앞으로 넘어졌다. 그리고 출발점의 표적인 모자에 손이 닿았다.

"아! 대단하군. 참으로 훌륭하다!"

촌장이 소리 쳤다.

"진짜 좋은 땅을 차지했습니다."

빠흠의 일꾼이 달려가 주인을 일으키려고 했다. 그러나 그의 입에서는 피가 흐르고 있었다. 이미 죽은 것이다. 바쉬끼르인들은 매우 애석해 했다. 빠흠의 일꾼은 주인이 가진 괭이를 가지고 빠흠을 위해 그가 누울 수 있는 6척의 구덩이를 팠다. 그리고 그 곳에 주인을 묻었다. (톨스토이,「사람에겐 얼마 만큼의 땅이 필요한가」)

❖ 지금 내가 어디에 있는지 모르겠어

미국의 어느 상원의원이 한 연회장 구석에서 수첩을 들여다보고 있었다. 비서가 다가와서 묻는다.

"다음 가실 곳을 잊으셨나요?"

"아니, 지금 내가 어디에 있는지 모르겠어."

그들은 시간에 쫓기어 일한다. 그들은 휴식시간에 더욱 바쁘다. 언제나 무엇이든지 해야 한다. 해야 할 아무 일도 없는 시간에 그들은 존재하지 않는 것이다. 무엇이든지 해서 업적을 이루어야 그들의 존재가 증명되는 것이다.

'함으로써' 비로소 존재의 값이 증명된다. 업적성취라는 동일한 척도 위에서는 비교가 가능할 뿐만 아니라 경쟁이 불가피하다. 그리고 동일한 척도로 환원되는 비교와 경쟁에서 자유와 개성은 사라진다.

열심히 일하는 것, 말하자면 노동과 자기성취라는 하나의 척도가 경쟁을 일으키고 경쟁은 자기상실의 모순을 낳는 경우처럼 어디서나 일어나는 발전의 파

라독스다.

"빠른 경주자라고 선착하는 것이 아니며 유력자라고 전쟁에 승리하는 것이 아니며 지혜자라고 음식물을 얻는 것이 아니며 명철자라고 재물을 얻는 것이 아니며 기능자라고 은총을 입는 것이 아니니 이는 시기와 우연이 이 모든 자에게 임함이라 대저 사람은 자기의 시기를 알지 못하나니 물고기가 재앙의 그물에 걸리고 새가 올무에 걸림같이 인생도 재앙의 날이 홀연히 임하면 거기 걸리느니라." (전 9:11-12)

존재와 역사의 은폐된 부분의 질서를 전도서의 필자는 문학적으로 이렇게 표현하였다.

현대의 우리에게는 요람에서 무덤까지 경쟁을 피해나갈 길이 없어져 버렸다. 어머니의 품을 떠나자마자, 우리는 낯익은 사람이나 낯선 사람을 불문하고 함께 경쟁을 시작하는 것이다. 학교에서는 성적을 놓고 경쟁하고, 입시는 전쟁을 하듯이 치루며, 직업 전선에서는 실적을 놓고 경쟁을 벌이는 것이다. 우리가 뜻을 같이하는 사람끼리 단체를 이루면 단체끼리 경쟁을 하게 되며, 기업은 기업끼리, 지역은 지역

끼리, 나라는 나라끼리 경쟁을 한다. 바야흐로 우리는 명실공히 총체적 경쟁시대에 접어든 것이다. 개인이나 집단이 모두 경쟁하는 세계사적인 무한경쟁시대로 치닫고 있는 것이다. 경쟁의 소극적 모습이 대립이라면, 경쟁의 적극적 모습이 투쟁일 것이다.

경쟁이 가장 심한 곳은 시장이다.

인간사회의 역사를 보면 초기 원시수렵사회로부터 출발하여 다음은 목축사회, 농업사회, 상공업사회로 발전하여 왔다. 농업이 인간과 자연의 투쟁체계라면, 상업은 인간과 인간의 경쟁체제이다. 교환을 잘하느냐 못하느냐에 따라 성패가 판가름 난다. 따라서 경쟁이 가장 심한 곳이 시장이다. 특히 최근에 전 세계가 하나의 시장으로 되는 세계화의 물결에 따라 무한경쟁의 신자유주의라는 명목 하에 남을 의식하지 않는 사익추구와 영리추구행위를 정당화하고 찬양하고 있다.

경쟁은 이기심에서 나온다.

경쟁은 사랑의 개념과 반대된다. 사랑은 베푸는 것이고, 자기 자신보다는 상대방의 안녕에 더욱 마음을 쓰는 것이다. 나를 희생하여 남에게 베푸는 것이 사랑의 본질이다. 그러나 경쟁은 베풀기보다는 챙기는 것이고, 상대방보다는 자신의 안녕에 더욱 마음을 쓰는 것이다. 남이 희생되더라도 내 몫을 챙기는 것이 경쟁의 본질이다. 그래서 사랑은 이타적인 반면, 경쟁은 이기적이고, 사랑은 따뜻한 것인 반면, 경쟁은 차가운 것이라고 인식되기도 한다.

경쟁의 마당인 시장에서는 이기적으로 행동하지 않으면 손해를 보기 십상이다. 시장에서의 치열한 경쟁은 이타적으로 행동할 마음의 여유를 허용하지 않는다. 따라서 시장은 사람들로 하여금 이기적으로 생각하고 이기적으로 행동하게 만든다.

그러나 이기심을 동기로 하는 긍정적인 면에서의 경쟁심은 발전, 성취감, 번영으로 유도한다. 근대 경제학의 아버지라고 볼 수 있는 아담 스미스는 이기심을 경제번영의 동기로 찬양하였다. 지금 세계에서 가장 번영하고 있는 미국을 비롯한 선진제국들은 자본주의의 성공 모델로 볼 수 있다.

경쟁은 개인주의를 부추긴다.

경쟁은 경쟁자간의 대립을 전제로 하기 때문에 경

쟁에는 대립자의 개체성이 최우선된다. 그래서 경쟁적 삶의 궁극적인 모습은 대립자의 개체성을 존중하는 개인주의적 삶이다. 전통적인 농업사회에 있어서는 부족들이 모여 함께 일하고 생활하는 단순사회이었으며, 대부분 모든 일이 공동으로 이루어지기 때문에 공동체적 삶이 존중되었다. 또한 사회가 부족 간의 사랑의 공동체로서 구성되어 있으므로 개인주의적인 현대의 삶의 방식과 전혀 다른 것이었다. 사랑은 두 개체가 서로 개체성을 무너뜨리고 융합하는 것이기 때문에 전체성이 최우선된다.

경쟁은 불화를 초래한다.

전국책 중산책에도 보면 "노리는 것이 같으면 서로 미워하게 되고, 같은 걱정을 지니는 사람끼리는 서로 친근함을 느낀다."라고 하였다.

경쟁은 겨룬다는 것이다. 겨룰 때 양보를 해서는 경쟁이 이루어지지 않는다. 경쟁은 양보의 미덕을 앗아가는 것이다. 양보는 상대방을 위해서 나를 희생하는 데에서 나온다. 상대방을 위한 자기희생은 사랑이 있을 때 가능한 것이다. 우리가 사랑을 할 때는 자신의 모든 것을 희생하려고 한다. 사랑이 화합의 개념이라면 경쟁은 그의 반대인 불화의 개념인 것이다. 이와 같이 경쟁은 불화와 원초적으로 서로 떨어질 수 없는 존재인 것이다.

더구나 경쟁에서는 패자는 낙담하게 되고 나아가 승자를 시기하게도 된다. 승자는 승리감에 도취되어 패자를 업신여기게 된다. 우리가 실패한 친구들과 잘 어울려지지 않는 이유는 이와 같은 경쟁의 결과에서 오는 심리적인 질곡에서 말미암았든가, 아니면 그 질곡에 빠질까 서로 두려웠기 때문이었을 것이다. 경쟁은 이와 같이 개인적으로 심리적인 질곡에 시달리게 하는 것이다.

경쟁은 무모함을 낳는다.

경쟁은 불화를 초래하고 마침내 우리의 가장 중요한 가치인 생명까지 마다하지 않는 무모함을 야기한다는 것이다. 경쟁이 치열해지면 우리는 경쟁심 때문에 무모한 경쟁을 벌이게 된다. 무모한 경쟁은 전쟁으로까지 치닫는다. 무모한 행동이란 보다 못한 것을 위하여 보다 가치 있는 것을 희생하는 것을 말한다. 우리가 경쟁심에 휘말리게 되면 이겨 보았자 별 것도 아닌 것을 뻔히 알면서도 이기고야 말겠다고 물불을 가리지 않는 경우가 있다. 우리는 삼각관계에 빠지게 되면 그녀를 진실로 사랑하지 않으면서도 그 녀석한테는 빼앗길 수는 없다는 마음에서 무모한 경쟁을 벌이는 경우가 종종 있다. 이 경쟁에 승리해서 결혼에 골인한 경우, 그 결혼생활이 불행한 경우를 우리는 주위에서 왕왕 보게 되는 것이다. 경쟁은 우리를 무모하게 하는 독약이다.

경쟁은 부패를 낳는다.

경쟁을 한다는 것은 누군가가 이기면 반드시 다른 사람이 진다는 것이다. 경쟁자 모두 이긴다면 오죽 좋겠는가? 그러나 경쟁자 모두 이긴다는 것은 모두 진다는 것과 말만 다르지 무엇이 다른가? 모두 이기거나 모두 진다는 것은 무승부를 달리 표현한 것에 지나지 않을 것이다. 누군가 이기면 누군가 반드시 지는 경쟁을 우리는 현대에 제로 섬 게임(Zero-Sum Game)이라고 부른다. 이긴 것과 진 것을 합하면 제로라는 것이다. 이와 같은 제로 섬 게임을 할 때는 모든 수단을 강구하게 되는 것이다. 이러한 경쟁이 과열될수록 부정한 수단이 동원되기 쉽다.

예를 들면 정직을 그들만의 최고 미덕으로 자랑하

던 미국에서 나스닥 버블이 꺼지면서 증권가의 증언을 들어보면 나스닥에 등록하면 얼마 동안 계속 상종가를 이어가는 상황에서 많은 기업인들이 부실한 회사를 나스닥에 등록하고 바로 증권을 다 팔고 돈을 챙겼다는 것이다. 그 외에도 세계적 거대기업인 월드컴, 엔론사의 회계부정 등 기업의 투명성과 신뢰를 생명으로 여기는 미국사회에서 여러 회사가 잇단 부정거래가 밝혀져 파산한 것이다. 따라서 90년대 후반 아시아 경제위기 과정에서 미국식의 투명한 기업지배구조를 나타내는 말로 인기를 모았던 '글로벌 스탠더드'도 이제는 그 빛이 바랬다. 아무리 정직을 중요하게 생각하는 선진국이라 하더라도 과당경쟁은 반드시 부패의 유혹을 부추긴다는 것을 알 수 있다.

경쟁은 도덕성의 붕괴를 가져온다.

사람들이 시장 안에서만 이기적으로 생각하고 이기적으로 행동하면 다행이겠지만, 인간의 능력상 이렇게 되기 어렵다. 많은 사람들이 시장에서 습득한 이기적 사고방식과 행동양식을 시장 밖, 예컨대 정치판이나 지역사회 심지어 가정에서도 행사한다. 여기에 오늘날 우리 사회의 도덕성 붕괴의 문제가 걸려있다.

특히 독일이나 일본과 달리 미국은 시장경제가 세계에서 제일 활성화되어 있고 시장의 원리가 가장 철저하게 적용되고 있는 사회이다. 그런데 근래에 와서 미국의 많은 사회학자들이 객관적 지표를 들어서 미국사회의 도덕성 붕괴를 고발하고 있다. 그렇다면 시장의 현상 및 시장의 원리가 사람들의 도덕심과 사회적 자본을 갉아먹는 주된 요인이 아닐까 의심해보지 않을 수 없다.

경쟁의 극단적인 형태는 전쟁이다.

손자병법에 보면 '전략은 궤도(詭道)'라고 하였다. 궤도란 남을 속여서 자기의 목적을 이루는 방법을 말한다. 전쟁에서는 남을 죽이고 자기가 살아남아야 하기 때문에 동원할 수 있는 모든 수단을 동원하기 마련이다. 여기서 불의나 부패를 논할 수 있는가? 무한경쟁의 세계화 속에서 과연 우리는 전쟁을 치르는 것과 같은 상황에서 살고 있는 것은 아닌가?

경쟁을 하다보니 우리의 삶의 모습은 많이도 변하여 버렸다. 우리들은 쫓기듯 삶을 서둘게 된 것이다.

누구보다도 빨리, 누구보다도 먼저 해내지 않으면 패배하기 때문이다. 쫓기듯이 서두는 삶은 편안하고 아늑한 삶일 수 없다. 서둘수록 초조해지고, 쫓길수록 불안해지기 때문이다. 대기실에서 시합을 기다리는 권투선수처럼 불안과 초조에 못 이겨 우리는 방황하게도 된다. 마치 삶의 터를 잃어버린 실향민처럼, 선발대를 이탈한 병사처럼 정처 없이 삶의 현장에서 헤매기도 하는 것이다. 떠나온 곳과 헤쳐갈 곳을 모두 잊어버리고 우리는 전쟁터에 홀로 버려진 아이처럼 경악하기도 하는 것이다.

| 참고 |

1. 김주성, 「경쟁의 미학 : 현대적 삶의 원류를 찾아서」, 〈철학과 현실〉 93 가을.
2. 이정전, 「도덕성의 붕괴의 진원은 시장이다」, 〈철학과 현실〉 01 겨울.
3. 이근식, 「윤리와 경제 : 한국의 경우」, 〈철학과 현실〉 01 겨울.

❖ 돈을 써가며 하는 일은 즐거운 일이다

영국의 유머작가 제롬 K. 제롬(Jerome K. Jerome, 1859-1927)의 꽁트 한 편이 일제 때 배운 고등학교 교과서에 실려 있었다. 꽁트의 제목은 '일이 놀이일 때'(When work is play)였다고 기억한다. 그 줄거리는 대략 다음과 같다.

런던의 어느 철학 교수가 주말에 바람을 쏘이기 위하여 교외에 나가기로 하였다. 속도가 빠른 전철을 타고 교외를 달렸을 때, 철학 교수의 기분은 매우 상쾌하였다. 달리는 전철 좌우로 전개되는 풍경이 아름다웠고, 차창을 통하여 들어온 공기가 신선했던 것이다. 그 때 철학 교수의 머리에는 이런 생각이 떠올랐다. '나는 어쩌다 한 번 교외선 전철을 타도 이토록 즐거운데, 매일 이 전철을 타고 여러 차례 이곳을 달리는 이 전철의 승무원은 얼마나 행복할까?'

철학자는 전철 요금을 내고 타도 즐거운데, 승무원

은 월급까지 받으니 더욱 즐거울 것이었다. 꿩도 먹고 알도 먹는 승무원의 직업이 부럽게 생각되었고, 이토록 좋은 직업을 가진 사람에게 한 마디의 축하도 하지 않는다면 철학자다운 아량이 없음이었다. 축하함이 마땅하다고 생각한 철학자는 전철 기관사에게로 접근하여 "축하합니다." 하고 인사말을 건넸다.

"무엇을 축하합니까?" 하며 기관사는 물었고, "당신의 직업을 축하합니다." 하고 철학자는 대답하였다.

이번에는 기관사가 철학자의 직업을 물었다. '대학교수'라는 대답을 듣고 기관사는 크게 불쾌하다는 반응을 보였다. 대학교수의 직업을 가진 자가 기관사의 직업을 축하한다는 것은 한갓 야유에 불과하다고 오해를 한 것이었다. 그 때 기관사는 대략 다음과 같은 말을 한 것으로 기억에 남아 있다.

"당신과 나는 지금 다 같이 이 열차에 타고 있지만, 당신은 놀고 있는 것이며, 나는 일을 하고 있소. 주말에도 쉬지 못하고 일을 하는 나는 팔자 좋게 바람을 쏘이고 다니는 당신보다도 훨씬 적은 월급을 받고 있는 실정이오. 도대체 무엇을 축하한다는 것이오?"

철학자는 잘 모르고 한 말이니 오해하지 말라고

변명을 해야 했고 다음 역에서 내렸다. 내려서 걷다가 오토바이를 수리하느라 고생을 하는 사람과 만나게 되었다. 손에는 기름때를 묻히고 마차나 자동차가 지나갈 때면 포장되지 않은 길에서 일어나는 먼지가 그의 점퍼에 뽀얗게 앉았다. 잠시 전에 작별한 기관사와 비교할 때 그보다도 훨씬 더 불행한 처지에 놓여 있는 사람으로 보였다. 이토록 불행한 처지에 놓인 사람을 보고 한 마디의 위로도 하지 않는다면 그것은 철학자다운 처사가 아니라고 생각되었다. 이에 철학교수는 그 불행한 사람에 대해서 진심으로 동정한다며 위로의 말을 건넸다.

그러나 오토바이를 수리하던 사람은 그러한 동정과 위로가 자신에게는 적합하지 않다고 단호하게 말했다. 우선 오토바이라는 것이 매우 비싸고 귀중한 물건이라는 사실을 설명하였다. (그 때가 19세기 말엽이었으니, 오토바이가 발명된 지 얼마 안 된 옛날이라, 그것은 큰 부자나 가질 수 있는 귀물(貴物)이었다.) 그리고 그 사람은 돈이 아까운 줄 모르고 오토바이의 스피드를 즐긴다고 하였다. 그의 오토바이가 일으킨 고장은 대수로운 것이 아니며, 금방 수리가 끝나면 또다시 그 스피드를 즐길 것이라고 희망찬

말을 하였다. 철학 교수는 자신의 동정이 잘못된 것임을 깨닫고 총총히 작별을 고했다.

한참 더 걸어가다가 철학 교수는 어느 농장 앞에 다다랐다. 한편에는 과일이 익어가고 또 다른 편에는 곡식이 여물어 가는 아름다운 농장이었다. 주인으로 보이는 농부가 괭이로 흙을 일구고 있는 모습이 매우 한가로워 보였다. 그것은 한 폭의 그림이었다. 그 농부야말로 축복을 받아 마땅한 사람임에 의심의 여지가 없었다. 이번에는 틀림이 없을 것이라는 자신감에 넘쳐서 철학자는 농부에게로 가까이 가서 그의 여유로운 직업을 축하한다고 큰 소리로 말했다. 그러나 농부는 그런 소리 말라며 손을 가로저었다.

도대체 농부에게는 주말이라는 것이 없다고 하였다. 이른 봄이 오기도 전부터 겨울이 올 때까지 하루도 쉴 틈이 없는 것이 농사라고 하였다. 그렇게 많은 땀을 흘려도 수입은 보잘 것 없는 것이 농사라는 직업이라며 불평을 하였다. 힘은 많이 들고 수입은 적은 것이 바로 농업이라고 농부는 결론을 지었다. 철학 교수는 그런 줄도 모르고 축하의 말을 건넨 자신의 경솔을 뉘우치며 그 곳을 떠나갔다.

얼마 쯤 더 간 곳에 골프장이 있었다. 중년 남자

한 사람이 뙤약볕 아래서 땀을 흘리며 열심히 스윙 연습을 하는 모습이 보였다. 괭이로 흙을 일구던 농부와 비교가 되었다. 땀을 흘리며 수고하는 점은 비슷하였으나, 노동 현장의 상황은 농장보다 못한 것으로 철학자에게는 보였다. 농장에는 익어가는 과일과 곡식이 있었으나, 골프장에는 수입이 생길 만한 생산이 보이지 않았다. 농장에는 나무그늘도 있었으나, 골프장에는 밋밋한 잔디밭이 있을 뿐이었다. 결국 골프장에서 수고하는 중년 남자는 저 농부보다 훨씬 더 불행한 사람이라는 판단이 내려졌다.

이토록 불행한 사람을 보고 그저 떠나간다는 것은 인정 없는 냉혹한 짓일 것 같았다. 위로의 말을 보내는 것이 당연할 것 같아서, 어찌하다 이토록 수고를 하게 되었느냐며 진심으로 동정한다는 뜻을 전했다. 그러나 골퍼는 여유 있게 웃으며 그러한 위로나 동정은 자기에겐 어울리지 않는다고 하였다. 그리고 골프라는 것은 스포츠 가운데서도 가장 돈이 많이 드는 고급 위락(慰樂)이라고 친절하게 설명해 주었다.

철학자는 발길을 돌리며 도무지 알 수 없는 노릇이라는 생각 때문에 심리적 혼란에 빠졌다. 왜 전철 기관사와 농부는 그들의 처지에 대해서 그토록 불만을 느끼고, 오토바이 타는 사람과 골프 치는 사람은 그들의 처지에 대해서 그토록 만족스러워하는지 도무지 알 수가 없었던 것이다. 철학자는 한참 동안 생각한 끝에 하나의 결론에 도달했다. 이를테면 진리(眞理)를 발견한 것이다. 그가 얻은 결론은 다음과 같은 말로 요약될 수 있었다.

돈을 받아 가며 하는 일은 괴로운 일이고, 돈을 써 가며 하는 일은 즐거운 일이다. (김태길, 〈철학과 현실〉 95 봄)

작가소개

박내정

서울대학교 농화학과 및 동대학원을 졸업하고, 미국 콜로라도 주립대학에서 이학박사를 받은 후 홍익대학교 화공학과 교수, 미국 브리감영대학 교환교수, 미국 펜실바니아대학 연구교수와 독일 콘스탄츠대학 연구교수를 지냈다.

삶의 지혜를 찾아서 [큰글자도서]

발 행 일 : 2010년 2월 8일
엮 은 이 : 박내정
발 행 처 : (주)도서출판점자
발 행 인 : 김동복
출판등록 : 2009년 2월 17일
등록번호 : 제 25100-2009-5호
주 소 : 서울시 성동구 아차산로 17길 48, SKV1센터 1동 420호
전 화 : 02)3426-7500
팩 스 : 02)3426-7502
전자우편 : book7500@naver.com
홈페이지 : http://www.kbraille.net

ISBN 978-89-93793-67-3

잘못된 책은 바꾸어 드립니다. 값은 뒤표지에 있습니다.